Ulrike Horwath-Wenzel

Beim Pilgern neue Kraft und Heilwerden finden

Ulrike Horwath-Wenzel

Beim Pilgern neue Kraft und Heilwerden finden

Persönliches Erleben beim Pilgern auf dem Jakobsweg nach Santiago de Compostela

PLÖTTNER
VERLAG
LEIPZIG

Bibliografische Informationen der Deutschen Bibliothek
Die Deutsche Bibliothek verzeichnet diese Publikation
in der Deutschen Nationalbibliografie;
detaillierte bibliografische Daten sind im Internet über
www.dnb.ddb.de abrufbar

ISBN (13) 978-3-938442-11-1
(10) 3-938442-11-5

Satz und Layout: Verena Voß
Umschlag: Jonas Plöttner
Foto Umschlag: PhotoCase.com

www.ploettner-verlag.de

Für meinen lieben Mann

Besonders herzlich danken möchte ich auch allen meinen Mitpilgern und Weggefährten, mit denen ich bisher unterwegs sein durfte und ohne die diese Zeilen nie möglich geworden wären.
Ganz besonders danken möchte ich meinem Ehemann. Unsere Liebe konnte in 33 Jahren auf den gemeinsamen Wegetappen weiterwachsen und ist auch ein Geschenk des Jakobsweges.

Ulrike Horwath

Einleitung

Seit einigen Jahren pilgere ich jedes Jahr etwa 200 Kilometer in einer wechselnden kleinen Gruppe mit Mitpilgern auf dem Jakobsweg. Entdeckt habe ich das Pilgern erst mit über 50 und es ist für mich etwas ganz besonders Wichtiges und sehr Wertvolles geworden.
Ich komme nach jeder dieser Wanderungen reich beschenkt, viel ruhiger und gelassener und ein Stück gesundet an Leib und Seele in den Alltag zurück.
Meine erste Ankunft in Santiago de Compostela war ein so tiefes und bleibendes Erlebnis, dass ich versuchte, mein eigenes Erleben auf 200 Kilometern des Camino aufzuschreiben. Vieles davon ist aber kaum mit Worten ausdrückbar. Ich habe es trotzdem versucht, um anderen Menschen Mut zu machen auch einfach einmal loszulaufen und das Heilerwerden beim Pilgern für sich zu entdecken. Vielleicht wecken einige Fotos zusätzlich Neugierde. Die Wirklichkeit unterwegs ist noch um ein Vielfaches schöner!
Beim Pilgern dürfen wir etwas vom Sinn und Ziel unseres Lebens erleben. Unser Leben ist ja auch ein ständiges auf dem Wege sein mit Veränderungen und Wandlungen bis zum ewigen Ziel.Wir lernen beim Pilgern wieder neu, Wichtiges vom Unwichtigen zu trennen, lernen uns selbst viel mehr als üblich zuzutrauen, und lernen uns selbst wieder besser kennen und verstehen.
Das wiederum bedingt, dass wir auch den Anderen besser annehmen und verstehen lernen. Mit anderen gemeinsam laufen und aufeinander angewiesen zu sein überwindet Trennendes und schafft bleibende Gemeinschaft.
Wir erleben es neu, glücklich und vor allem dankbar zu sein.

Der Aufbruch von zu Hause, die Reise und Ankunft in Ponferrada, dem Ausgangspunkt unseres Fußpilgerweges nach Santiago de Compostela

Aufbruch

Es ist Ende Juli und der langersehnte Tag endlich angebrochen. Die Sonne scheint schon früh strahlend vom blauen Himmel und es verabschiedet uns zu Hause ein prächtiger Sommertag.
Wir ziehen unsere Wanderschuhe an und schultern den großen, recht schweren Rucksack. Wir haben ihn in den letzten Tagen mehrmals umgepackt. Immer wieder konnten ein paar Gramm eingespart werden, indem wir einen Gegenstand oder ein Kleidungsstück gegen etwas Leichteres eingetauscht oder ganz hinausgeworfen haben. Trotzdem wiegt der Rucksack immer noch fast 12 kg. Dass wir den schweren Regenponcho und den warmen Pullover diesmal nicht brauchen, ahnen wir ja noch nicht.
Nachdem unser Heim abgeschlossen ist und wir alles zu Hause hinter uns gelassen haben und nun losgehen, überkommt mich erstmalig ein richtiges Glücksgefühl. Mir ist nach Singen zumute und am liebsten würde ich laut jubeln: Wir machen uns auf den Weg nach Spanien, nach Santiago de Compostela.
Mit dem großen Rucksack auf dem Rücken, in der Hand einen mit Esswaren für zwei Tage prall gefüllten Beutel, dazu unsere strahlenden Gesichter, ernten wir auf dem Weg zum Bahnhof einige erstaunte Blicke. Sie kommen von Menschen, die auf dem Weg zur Arbeit sind. Wir sind aus dem Alltag aufgebrochen und fühlen uns wunderbar frei und tatendurstig. Dieses Gefühl verlässt uns auf dem Jakobsweg nie ganz, auch wenn es in den nächsten zwei Wochen manchmal sehr beschwerlich und anstrengend wird und wir auch bis an unsere körperliche Grenze kommen.

Auf dem Bahnhof Dresden-Neustadt treffen wir die acht Mitpilger aus dem Görlitzer Bistum, die heute Morgen schon die erste Zugetappe hinter sich haben. Wir hatten uns kurz beim Vorbereitungstreffen Anfang März kennen gelernt. Große Berührungsängste und Fremdheit kommen nicht auf. Wir fühlen uns sofort verbunden.
Unser Gruppenleiter Johannes pilgert seit mehreren Jahren schon jedes Jahr zwei Wochen auf dem spanischen Jakobsweg, immer mit anderen Mitpilgern. Er hat die komplizierte Reisevorbereitung, die Fahrkartenbestellungen und Platzreservierungen für uns alle gemacht und wir können uns dankbar in die Geborgenheit der guten Vorbereitung fallen lassen. Wir sind jetzt zehn Personen im Alter von 29 bis 66 Jahren. Mein Mann und ich werden das einzige Ehepaar bleiben. In Frankfurt erwarten wir noch zwei Pilger aus der Nürnberger Gegend und werden dann zu zwölf in unserer Gruppe sein. Die Zahl zwölf, ob das eine symbolische Zahl für die zwölf Apostel sein könnte? Lächelnd schiebe ich diesen Gedanken sofort beiseite. Die zwölf Apostel Jesu waren Männer, wir sind vier Frauen und acht Männer und wirklich keine Apostel. Aber die biblische Zahl bleibt.
Unsere Zugfahrt verläuft planmäßig, aber, wie alle langen Zugfahrten, auch anstrengend und langweilig. Wenn man aus dem Fenster schaut, wechseln die Landschaften und Ortschaften so schnell, dass die überforderten Augen irgendwann Erlösung im Einschlafen finden.
Frankfurt ist unser erstes Ziel. Da Züge oft Verspätungen haben hat Johannes klugerweise Aufenthalt eingeplant und sich nicht auf zehn Minuten Umsteigezeit verlassen. So können acht von uns der Frankfurter Altstadt einen Kurzbesuch abstatten. Ich bleibe mit Paul am Bahnhof und wir bewachen unseren großen Rucksackgepäckhaufen. Ich schreibe sogar noch einen wichtigen Brief. Das hatte ich zu Hause einfach nicht mehr geschafft. Froh, das nun auch noch erledigt zu haben, werfe ich den Brief in einen Briefkasten.

Jetzt fühle ich mich ganz frei.
Ich geselle mich zu Paul und wir beobachten beherzt die vielen Menschen am Frankfurter Bahnhof. Es ist ein ständiges Kommen und Gehen. Manche Menschen haben es sehr eilig. Sie schleppen große Koffer mit sich oder ziehen sie auf Rollen hinter sich bzw. schieben sie auf Gepäckwagen vor sich her. Andere scheinen ganz viel Zeit zu haben, sie schlendern umher und strahlen Ruhe oder auch Langeweile aus. Wir sehen Menschen verschiedenster Hautfarbe. Die ganze Welt scheint unterwegs zu sein. Wir vermuten sie aus Indien, Afrika, China, Pakistan und in geringer Zahl Hellhäutige, deren Herkunftsländer nicht zuzuordnen sind.
Ein großer Bahnhof ist ein sehr interessanter Ort. Menschen so konzentriert in Raum und Zeit wahrzunehmen und zu beobachten ist faszinierend. Keinen Moment ist es uns langweilig.
Unserem Rucksackberg gegenüber hat es sich eine Pfadfindergruppe in einheitlicher Kleidung und bunten Tüchern um den Hals bequem gemacht. Einige haben ihre Isomatten aufgerollt und schlafen mitten im Bahnhofsgewühl auf dem Fliesenboden. Andere lesen, schreiben, schwatzen, liebkosen sich oder essen von ihren Vorräten. Die ganze Gruppe macht einen unkomplizierten, netten Eindruck.
Worte und Sätze die zu uns herüberfliegen verraten uns, dass es Holländer sind. Was werden diese jungen Leute in den nächsten Tagen und Wochen erleben? Oder sind sie vielleicht schon auf der Heimreise, angefüllt mit vielen guten Erlebnissen? Wir wissen es nicht.
Um Paul und mich und unser Gepäck kümmert sich kein Mensch. Ein erstes Gespräch mit Paul berührt mich so, dass ich es bis heute nicht vergessen kann. Wir erzählen dies und das und kommen auf das Thema Singen. Paul erzählt, dass er Musik sehr liebt und eigentlich auch gerne singen würde. Ein Erlebnis hat ihm das aber bis heute vermiest. Als zehnjähriger Bub kam er in eine Internatsschule und als er dort

das erste Mal vorsingen musste, sagte der Lehrer zu ihm: »Singe bloß nie wieder, singen kannst du nicht!« Diese vorschnelle Beurteilung schlug für immer eine wichtige Tür zu. Paul sang nicht mehr. Er ist heute 66 Jahre alt. Ob dieser Lehrer jemals ahnte, was er anrichtete? Singen ist etwas Wunderbares und singen kann eigentlich jeder Mensch. Was für eine Macht und auch Verantwortung ein Lehrer hat, kam mir da zum Bewusstsein und dieses Negativbeispiel berührte mich sehr, zumal mein Sohn Lehrer ist. Ich wünsche allen Lehrern, dass sie nicht vorschnell Kinder beurteilen.
Die zweistündige Aufenthaltszeit verging ganz schnell. Die acht Stadtbummler kommen pünktlich zurück und als wir zum Bahnsteig gehen, um unseren Zug nach Paris zu besteigen, treffen die beiden noch fehlenden Pilger mit großem Hallo auf uns. Sie haben uns an den Wanderschuhen und den großen Rucksäcken erkannt und es entsteht sofort eine offene Herzlichkeit.

Es ist, als würde unser erster Wegesatz schon zum tragen kommen. Er lautet:
DER FREMDE IST VIELLEICHT EIN FREUND, DEN DU NOCH NICHT KENNST.
Von heute an werden wir jeden Morgen einen Wegesatz hören. Er wird uns zum Nachdenken, Meditieren, Beten, Singen, Traurig- oder Glücklichsein einladen.

Nach dem Besteigen des Zuges halten wir die erste gemeinsame Mahlzeit. Alles Essbare aus unseren Verpflegungsbeuteln wird auf zwei Tische aufgebaut, die es in der Mitte der IC-Züge gibt. Jeder nimmt sich, was er verzehren möchte. Die Primitivität und Selbstverständlichkeit, mit der alles vonstatten geht, ist sehr lustig. Ich glaube, unsere Gruppe fängt schon an zusammenzuwachsen.
Im April waren mein Mann und ich an der türkischen Mittelmeerküste.

Dort lagen am Strand schöne Muscheln, die von Natur her schon ein kleines Loch hatten, durch das man eine Schnur ziehen konnte.
Solche Muscheln hatte ich mitgebracht und verteilte sie nach unserem ersten gemeinsamen Mahl.
Eine Muschel ist das nach außen sichtbare Zeichen der Jakobspilger. Jeder von uns hatte nun ein solches Zeichen am Rucksack.
In Mannheim stieg eine sehr nette Pfadfindergruppe aus Potsdam in unseren Wagen ein. Es machte viel Spaß diese jungen Leute zu beobachten. Die zwei Kleinsten sind erst zehn Jahre alt und, wie sie erzählen, das erste Mal als Pfadfinder auf großer Reise. Sie befolgen die Bitten und Anordnungen der etwa 18-jährigen Gruppenleiter aufs Wort. Faszinierend ist, das zu erleben. Ihr Ziel ist Bayonne, von wo aus sie wandern wollen. In so netter Gesellschaft verging die Zeit bis Paris schneller als befürchtet. Unterwegs wurde das Wetter immer schlechter. Aus dicken Wolken regnete es immer wieder.
Gegen 21 Uhr verlassen wir in Paris-Est den Zug. Es regnet. In den reichlich drei Stunden Parisaufenthalt ist geplant, dass wir mit der Metro bis zur berühmten Kathedrale Notre Dame fahren und nach deren Bewunderung einen romantischen Fußweg im Abendschein entlang der Seine zum Bahnhof Paris-Austerlitz machen. Das soll ein erster Höhepunkt sein, auf den sich alle freuen.
Nach dem Verlassen unseres Ankunftsbahnhofs erleben wir ein richtiges Pariser Abendgedränge und nach der Metro, mit ihren viel zu engen Türen für unsere Rucksäcke, sind wir heilfroh, unbeschadet auf der Straße anzukommen. Dort empfängt uns Paris, grau und mit Nieselregen.
Ich bin von der Zugfahrt total fertig, habe Kopfschmerzen und kann den schweren Rucksack kaum schleppen. Ich setze ein Bein vors andere und zwinge mich zum Gehen. Die Kraft reicht gerade noch, um die herrliche, angestrahlte Notre Dame Kathedrale von außen zu bewundern, aber um ein romanti-

sches Geh-Erlebnis entlang der Seine zu haben, reicht sie nicht. Ich werde geradeso den Weg bis zum Zielbahnhof schaffen.
Den Regen empfinde ich als unangenehm und es erschreckt und entsetzt mich, dass mitten in Paris auf dem schmutzigen Straßenrand ein Obdachloser liegt und schläft. Ob er vielleicht unter Drogen steht und so den Regen im Gesicht gar nicht wahrnimmt?
Das freudig erwartete romantische Pariserlebnis und diese erschreckende Realität, an der ich nichts ändern kann, machen mich stumm und nachdenklich, und ich bin deprimiert.
Als wir Paris-Austerlitz erreichen, treffen wir unsere Pfadfinder aus dem Zug wieder. Sie stehen vor dem Bahnhof im Kreis und singen ein Lied. Dieser Gegensatz tut mir wohl.
Auf dem Pariser Bahnhof herrscht eine strenge Ordnung. Da noch eine halbe Stunde Zeit ist, darf noch niemand auf den Bahnsteig, auf dem unser nächster Zug abfahren soll. Ich bin so fertig, dass ich mich in der Bahnhofshalle auf den Fußboden lege und sofort einige Minuten einschlafe.
Kurz vor der planmäßigen Zugabfahrt dürfen dann nur Personen mit gültigem Fahrausweis und Liegewagenticket die Sperre zum Bahnsteig passieren. Als wir das geschafft und unsere Betten im Schlafwagen gefunden und eingenommen haben, schlafe ich fast augenblicklich ein und lasse diesen ersten Reisetag hinter mir. Nicht einmal ausgezogen habe ich mich!
Ich habe einige wüste Träume, die ich sofort wieder vergesse, und als ich am nächsten Morgen erwache, fühle ich mich frisch und ausgeruht. Nach dem so miesen Befinden am Abend zuvor nehme ich das staunend und sehr erfreut wahr. Das erste was ich beim Herauskommen aus dem Schlafabteil außerhalb des Fensters sehe ist der atlantische Ozean. Das geschäftige Treiben in Bayonne hatte mich geweckt, und nun fahren wir ein Stück am atlantischen Ozean entlang, sind also kurz vor der spanischen Grenze.

Immer wenn der Zug hält, beginnt ein geschäftiges Treiben. Urlauber mit großen Koffer steigen aus dem Zug, ein nettes Hin und Her, und ich fühle mich so gut, dass es mich nicht einmal stört, dass es draußen diesig ist und immer noch leicht regnet. Wir passieren die Grenze nach Spanien, suchen all unsere Sachen zusammen und steigen in Irun aus. Guten Morgen! Buenos dias! Willkommen in Spanien! Bienvendos a Espagna! Hallo! Hola!
Unser zweiter Pilgertag hat begonnen.
Der Bahnhof in Irun ist klein, aber wir bekommen einen ersten spanischen Kaffee. Er besteht aus geschäumter Milch und Kaffee und ist schon an diesem Morgen ein echter Hochgenuss. Er vertreibt rasch die letzte Müdigkeit. Zwar sind wir noch nicht richtig gepilgert, das heißt mit den Füßen länger gelaufen, aber eine lange Zugfahrt ist für mich viel anstrengender als das Laufen in Gottes herrlicher Natur. Das weiß ich jetzt im Nachhinein sehr genau.
Im kleinen Iruner Bahnhof kauft Johannes für uns alle die Fahrkarten nach Ponferrada. Wäre ich jetzt allein unterwegs hätte ich ganz sicher schon die ersten Schwierigkeiten. Ich kann nämlich kein Spanisch. Johannes spricht gut Spanisch und es ist wundervoll sich ganz auf ihn verlassen zu können. Es war nicht möglich, die Fahrkarte bis Ponferrada schon in Deutschland zu kaufen. Die spanische Eisenbahn will die Euros scheinbar direkt und selbst einnehmen.
In unserem letzten Zug nach Ponferrada haben wir schon wieder ein neues Erlebnis. Zwar sind in Irun noch die meisten Plätze frei, aber wir dürfen uns nicht hinsetzen wo wir wollen. Es gibt eine genaue Platzverteilung, die der Zugschaffner bis Ponferrada mit einer großen Liste immer wieder genau auf die Richtigkeit überprüft. Alle Neueinsteiger müssen genau den Platz suchen, finden und einnehmen, dessen Nummer auf der Fahrkarte und der großen Liste des Schaffners steht. Wir finden es sehr lustig, dass es in Spanien in der Eisenbahn so preußisch genau zugeht.

Ich hatte südländische Lockerheit erwartet, aber diese penetrante, ordentliche Platzverteilung amüsiert uns sehr. Viele Menschen sind an diesem Sonntag unterwegs.
Es gibt ein ständiges Ein- und Aussteigen und der Zug ist immer voll besetzt. Die Fahrt bis nach Ponferrada dauert noch einmal fast den ganzen Tag.
Wir durchfahren schöne Städte wie Vitoria, Burgos, Pulencia und Leon. Die wundervolle Kathedrale von Burgos ist gut vom Zug aus zu sehen und erinnert mich an den Ulmer Münster. Diese Kirche kann man ebenfalls bei einer Eisenbahnfahrt lange sichtbar bestaunen.
Wir durchfahren eine wunderschöne Landschaft. Immer wieder bezaubern mich die vielen Berge, die draußen vorbeiziehen. Richtiger ist, dass wir an den Bergen vorbeiziehen, denn sie bleiben ja in ihrer majestätischen Schönheit immer an ihren vertrauten Plätzen stehen.
Der Regen hat schon bald nach der spanischen Grenze aufgehört und das Wetter wird immer besser. Hinter einer üppigen Vegetation vergoldet die wieder sichtbare Sonne die Berggipfel des Kantabrischen Gebirges. Beim letzten Stück der langen Zugfahrt spüre ich in mir wieder ein großes Glücksgefühl. In mir jubelt es: Ich bin in Spanien, erstmals richtig in Spanien. Die Vorfreude auf den spanischen Jakobsweg, den Camino, versetzt mich in richtige Hochstimmung. Am Nachmittag des zweiten Tages ist die Fahrt endlich geschafft. Wir sind an unserem Fahrtziel und steigen in Ponferrada aus dem Zug. Vor uns liegen etwa 213 km Fußmarsch bis Santiago de Compostela.

Pilgern heißt:
Ich verlasse das Gewohnte und den abgesicherten Alltag.
Ich gehe einfach los. Mit Gelassenheit mache ich mich auf den Weg und vertraue darauf, dass mir unterwegs das zuteil wird, was ich brauche.

Die sechs Regeln für einen Pilgerweg

1. Das Schweigen
Auf einem Pilgerweg geht es um das Hören. Höre auf dein Inneres, auf die Schöpfung um dich herum, auf Gott.

2. Das Alleinsein
Auch in einer Gruppe ist das Alleinsein wichtig. Viele Kilometer gehst du in deinem eigenen Tempo allein. Du bist allein in deiner Einzigartigkeit und Unvertretbarkeit auf dem Wege, im Angesicht des Himmels, der Erde, ohne Zeitdruck und Stress.

3. Keine Eile
Gehe ohne Eile, ohne Zeitdruck und Stress. Viele haben keinen Zugang zur Erfahrung des Heiligen, weil sie es immer eilig haben. Dem Geheimnis kann man sich nur langsam, ohne Hast nähern.

4. Die Mühe
Gehen, Gehen, Gehen. Als Pilger erfahre ich auch Entbehrung und Anstrengung. Lieber einmal auf dem Boden als zu komfortabel schlafen. Das Geistliche findet sich eher im Einfachen und Mühsamen.

5. Das Maßhalten
Erlebt man auf einem Pilgerweg. Auch einmal Hunger und Durst spüren macht erfahrbar: Der Geist ist wichtiger als der Bauch

6. Das Unverdiente
Vieles auf dem Weg ist umsonst: Die Luft und die Sonne, Blumen und Bäume, das Lächeln eines anderen Menschen. Gott und das Leben sind Geschenk, Gnade, ein großer Reichtum, den wir nicht verlieren können.

Ankunft in Ponferrada

Wir verlassen den Bahnhof in Ponferrada und es empfängt uns ein herrlicher Sonnentag. Die Sonne strahlt vom Himmel und taucht alles in eine goldene Pracht. Es ist hier in Ponferrada viel wärmer als es zu Hause, in Deutschland, war.
Majestätische Berge rings um Ponferrada grüßen uns. Auf den Straßen sind an diesem warmen Sonntagnachmittag nur wenige Menschen zu sehen. Die Stadt empfängt uns angenehm ruhig und gar nicht geschäftig, staubend und lärmend, wie Ponferrada in vielen Pilgerbüchern beschrieben wird. Nicht weit vom Bahnhof treffen wir die ersten Jakobspilger. Wir erkennen sie am Rucksack an dem eine Muschel hängt, und an ihren Wanderschuhen. Sie weisen uns die Richtung zur ersten Herberge, dem ersten Refugium, wie die Jakobsherbergen heißen.
Wir überqueren eine schöne Brücke. Diese ist aus Stein, mit Eisen verstärkt. Sie wurde im 11. Jahrhundert gebaut und sie heißt Pons ferrata. Wir genießen den Blick in die Berge, der aber schon bald von einer malerisch am Abhang über dem Flusstal gelegenen Burg abgelöst wird. Diese sieht aus wie eine Ritterburg und wurde im 12. Jahrhundert gebaut. Auf einem Schild lesen wir: »Castillo de los Templarios«. Das heißt »Schloss der Tempelritter«. Es war der Herrschaftssitz des Ritterordens der Templer. Sie herrschten damals von hier über das gesamte Bierzo.
Wir laufen bergan am Ritterschloss vorbei durch malerische Gassen in die Altstadt. Gelbe Pfeile an vielen Häusern und an jeder Weggabelung, manchmal auch ein Schild mit einer Muschel, weisen uns den Weg. Der Fußweg vom Bahnhof zur Herberge durch die Stadt mit seiner herrlichen Altstadt, ist für mich wieder ein neuer Höhepunkt. Wir genießen das Ankommen im Norden von Spanien, und ich habe das Gefühl, nicht nur mit meinem Körper, sondern auch mit ganzer Seele anzukommen.

Templer-Ritterburg in Ponferrada

Wir überqueren eine große Wiese, wenige Minuten vom Altstadtzentrum entfernt, und erreichen unsere erste Herberge. Es ist eine der großen Herbergen entlang des Jakobsweges und sie hat etwa 250 Betten. Es ist eine neu gebaute Herberge, in der erst seit wenigen Jahren Jakobspilger übernachten können. Im Vorhof der Herberge werden wir Neuankömmlinge begrüßt und als Jakobspilger amtlich registriert. Unser Name, das Herkunftsland, unser Alter und Geschlecht werden in ein großes Buch eingetragen. Unser Pilgerausweis, auch Credencial genannt, bekommt den ersten spanischen Jakobswegestempel. Nun gehören wir richtig dazu und sind aufgenommen in die große Schar der Pilger aus aller Welt, die auf dem berühmten spanischen Jakobsweg, dem Camino, nach Santiago de Compostela unterwegs sind. Es ist wieder einer der zahlreichen Glücksmomente in diesen Tagen.
In einem großen Schlafsaal, in den wir eingewiesen wurden, stehen etwa vierzig Doppelstockbetten eng nebeneinander. Jeder aus unserer Gruppe legt sein Gepäck auf eines dieser Betten.

Es ist hier das erste und einzige Mal, dass ich etwas pikiert bin. Die Matratze meines Bettes ist nämlich recht fleckig und unsauber. In den Pilgerherbergen liegen auf den Betten nur

Ankunft in der Herberge in Ponferrada

unbezogene Matratzen. Das unangenehme Gefühl stört mich aber nur einen kurzen Moment, denn ich weiß ja, dass ich in meinem eigenen Schlafsack liegen werde. Die Doppelstockbetten stehen so eng, dass kaum Platz für die dicken Rucksäcke ist und man sich beim Auspacken immer gegenseitig behindert. Das gehört zu den Anfängerschwierigkeiten.
Schon nach wenigen Tagen bekommt man Routine beim Aus- und Einpacken und gewöhnt sich schnell daran, nie eine ganz

richtige Ordnung im Rucksack zu haben und immer wieder etwas suchen zu müssen. Manches findet man erst dann, wenn man es gar nicht mehr braucht.
Dass die Matratzen bei täglich wechselnder Massenbenutzung nicht fabrikneu sein können, stört mich nach dem ersten Erschrecken in Ponferrada dann kein einziges Mal mehr. Wir sind in den nächsten Tagen immer froh und dankbar, wenn jeder von uns überhaupt ein Matratzenbett bekommt. Einige Male kamen wir auch zu spät in der Herberge an und mussten auf der dünnen Isomatte auf dem Fußboden schlafen.
Die Herberge in Ponferrada ist sauber und alles ist sehr freundlich. Aus der großen Küche ziehen verlockende Düfte zu uns. Viele Pilger sind schon eine Weile da, und einige kochen. Im Aufenthaltsraum wird in vielen Sprachen gesprochen. Es gibt erste Gespräche untereinander, man versucht es in Deutsch, Englisch oder mit Händen und Füßen, vor allem aber mit Blicken. Die natürliche und herzliche Freundlichkeit der Pilger untereinander ist sehr wohltuend. Keiner begegnet dem anderen abweisend oder als Fremder. Ein strahlendes Gesicht kann alles sagen, selbst wenn man den anderen nicht mit Worten versteht. Auch Altersunterschiede spielen keine Rolle. Es gibt junge Leute um die 20 und Pilger, die über 70 sind. Im Umgang miteinander ist kein Unterschied feststellbar. Das ist eine gute Erfahrung, die sich auf dem ganzen Jakobsweg wiederholt. Auch gegenseitige Rücksichtnahme ist selbstverständlich. Als wir unsere Betten in Ponferrada erstmalig in Besitz nehmen, liegen gleich nebenan auf einigen Betten fest schlafende junge Leute. Sicher haben sie heute schon 30 Kilometer über das Gebirge hinter sich und so ist es ganz selbstverständlich, dass wir Neuankömmlinge versuchen im Schlafraum sehr leise zu hantieren und miteinander zu flüstern.
Im täglichen Pilgerleben finden wir uns schnell zurecht. Nach zwei Tagen und einer Nacht Bahnfahrt ist die erste Dusche einfach wundervoll und nach dem ersten Wäschewaschen

ergattern wir sogar noch ein Stück freie Leine am abseits gelegenen Wäscheplatz. Dort hängt schon recht viel Wäsche. Zu dieser Zeit ist es in Spanien am Nachmittag sehr warm und der Wind weht. Die Wäsche ist nach ein bis zwei Stunden trocken. Fast täglich werden wir nun diese nötigen Dinge tun, denn auf solch einer Pilgerreise hat man ja nur einmal Wechselsachen mit. Anders wäre der Rucksack nicht tragbar.
Nachdem wir alle unsere persönlichen Sachen wieder gesäubert und geordnet haben treffen wir uns als Gruppe im Aufenthaltsraum, und jeder legt auf den Tisch, was er noch an Lebensmitteln im Beutel oder Rucksack hatte. Wir werden alle reichlich satt. Nach dem Essen treffen wir uns unweit der Herberge auf einer großen Wiese mit Blick über den Ort und die ihn umgebenden Berge. Wir besprechen alles Nötige und danken gemeinsam Gott für die gute und behütete Ankunft in Spanien. Danach kann jeder tun, wonach ihm zumute ist.
Mein Mann Willy und ich durchstreifen die idyllische Altstadt. Es gibt in Ponferrada eine viel besuchte Wallfahrtskirche, »Unsere liebe Frau von der Eiche«, die 1573 erbaut wurde. Für den historisch besonders Interessierten gibt es am Stadtrand auch noch eine aus dem 10. Jahrhundert stammende mozarabische kleine Kirche. Wir begnügen uns aber damit, ein wenig durch die vielen Gassen der Altstadt zu schlendern. Nur vor den Straßencafes sitzen einige wenige Menschen. Sonst ist die Stadt fast menschenleer.
Am Abend nehmen wir in der Kirche, die gleich neben der Pilgerherberge ist, am Sonntagsgottesdienst teil. Die meisten Gottesdienstbesucher sind Einheimische, aber der Priester begrüßt alle Pilger extra und fragt nach den Herkunftsländern. Außer uns Deutschen sind noch Italiener, Polen und Franzosen da, und wir Pilger beten das »Vater unser« nacheinander in unserer Muttersprache. Das ist ein beglückendes Gefühl. Beglückend ist es auch immer wieder, sich in jeder Kirche bei der Messfeier geborgen und zu Hause zu fühlen. In welcher Sprache die heilige Messe zelebriert wird ist dabei unwichtig.

Der Tagessatz für diesen, unseren ersten Sonntag lautet: ICH SUCHE NICHT, ICH FINDE.

Dieser Satz traf heute auf vieles zu. Wir hatten vieles gefunden, ohne suchen zu müssen. Zum Beispiel herrliche Landschaft und Bauwerke, die in ihrer Einmaligkeit und Schönheit schon hunderte von Jahren stehen, und die vor uns schon viele Pilger bestaunt hatten. Wir fanden aber auch freundliche Blicke und strahlendes Lachen vieler Menschen, gelbe Pfeile, die uns den Weg zeigten, und das Gefühl, hier am Beginn unseres Weges willkommen, geborgen und beschützt zu sein. Seit dem Mittelalter steht über allen Pilgern, die nach Santiago de Compostela laufen, folgender Segensspruch:

Gott, der du deinen Diener Abraham
aus der Stadt Ur in Chaldäa errettet
und ihm in seinen Wanderungen beschützt hast,
der du der Begleiter des hebräischen Volkes
durch die Wüste warst,
wir bitten dich,
dass du diese deine Diener beschützen mögest,
die aus Liebe zu deinem Namen nach Santiago pilgern.
Sei ihnen Gefährte und Führer auf der Reise,
Labsal in der Ermattung, Verteidigung in den Gefahren,
Herberge auf dem Weg,
Trost in ihrer Mutlosigkeit und Festigung in ihren
Vorsätzen,
damit sie durch deine Führung frisch und gesund
am Ziel ihres Weges ankommen.
Und damit sie bereichert an Gnade und Tugenden
Unversehrt in ihre Heimat zurückkehren
Mit immer währender Freude und Frieden.
Durch Jesus Christus unseren Herrn.

Dieser Segensspruch aus dem Jahr 1073, der damals am Beginn des spanischen Weges in Roncesvalles gespendet wurde, wurde auch uns am Beginn unseres Weges erteilt.

Der Weg von Ponferrada nach Villafranca del Bierzo

Morgengebet zum Aufbruch:
Gott unser Vater du hast uns auf den Weg gerufen. Wir bitten dich für uns und alle, die auf Pilgerwegen und den Wegen ihres Lebens unterwegs sind:
Um offene Augen für die Wunder deiner Schöpfung
und für die kleinen Freuden am Weg.
Um offene Ohren für die leisen Stimmen in uns
und um uns und für deinen Anruf.
Um ein offenes Herz für die Menschen, die mit uns unterwegs sind.
Gott unser Vater, sei mit uns auf dem Weg.
Lass uns auf unserer Pilgerschaft in deiner Gegenwart bleiben und nie das Ziel aus den Augen verlieren, bis wir in deinem Haus geborgen sind.

Der Wegesatz für den heutigen und ersten Fußpilgertag lautet: ZUNÄCHST DENKT MAN NUR AN SICH,
DANACH DENKT MAN AN ANDERE.

Nach dem gestrigen Abendgottesdienst hatte uns der spanische Priester im besten Deutsch viel über seine Erlebnisse auf dem Jakobsweg erzählt. Er ist schon oft mit verschiedensten Menschen bei Santiago gelaufen und obiger Wegesatz ist eine seiner Erfahrungen.
Schon bei den Vorbereitungen und beim Losgehen fragt sich jeder: Werde ich es denn wirklich schaffen? Nehme ich mir vielleicht zu viel vor und werde scheitern? Werde ich mit den anderen Schritt halten können?

Wenn ich doch aufgebenmuss, werde ich das verkraften? Was sage ich dann zu mir, wenn ich in den Spiegel schaue? Was sage ich denen, die über meinen Mut staunen und mich für ein bisschen verrückt halten?
Diese Angst ist zu Beginn dabei und ich beschäftige mich mit mir und meinen Zweifeln. Wie im Wegesatz gesagt, bin ich momentan nur bei mir! Ist das aber nicht bei jedem neuen Anfang so? Ich wage etwas Neues, stelle mir selbst ein Ziel und weiß zu Beginn nie, ob ich es schaffen werde, schaffen kann. Meine Gedanken kreisen anfangs immer um mich, und alle meine Grenzen rücken auf mich zu und werden zu hohen bedrohlichen Mauern.
Aber ich gehe trotzdem los, wage es und traue mir das Anfangen zu. Kein anderer Mensch kann mich auffordern einen Pilgerweg zu beginnen oder irgendeinen anderen Anfang zu wagen. Ich selbst muss es wollen. Ein japanisches Sprichwort sagt: Selbst ein Weg von tausend Meilen beginnt mit einem Schritt.
Mit dieser Weisheit machen wir zwölf uns zeitig früh, noch völlig im Dunkeln, auf den Weg. Wir sind gegen fünf Uhr aufgestanden. Ende Juli ist es in Spanien um diese Zeit noch völlig dunkel.
Da die anderen Pilger noch fest schliefen, konnte kein Licht angemacht werden. In vielen Pilgerherbergen ist das Licht sogar morgens abgestellt. Man muss seine Siebensachen, die man am Abend, in der Nacht und morgens gebraucht hat, im Dunkeln in den Rucksack packen. Eine kleine Taschenlampe ist dabei wenig hilfreich und ich gehöre leider zu den Menschen, die im Dunkeln sehr schlecht sehen können. So ist das Reisefertigmachen besonders an diesem ersten Morgen sehr mühsam und der Rucksack ist überhaupt nicht optimal gepackt.
In den folgenden Tagen wurde es immer besser, meistens habe ich den Rucksack bei der Frühstückspause im hellen Tageslicht noch einmal neu gepackt.

Eine optimale Lastenverteilung ist nämlich ganz wichtig, um den Rucksack viele Stunden tragen zu können.
Am ersten Tag stehen wir dann endlich kurz vor sechs Uhr mit geschultertem Rucksack im Kreis vor der Herberge.
Es ist immer noch dunkel und uns war beim Morgengebet sehr feierlich zumute.
Nun endlich geht es los: »Bon Camino – Guten Weg«. Wir haben uns eingereiht in die große Schar der Pilger, die seit hunderten von Jahren auf dem Camino, dem Jakobsweg nach Santiago pilgern.
Durch Ponferrada finden wir recht gut hindurch. Die Straßenlaternen lassen uns die gelben Pfeile mühelos finden. Auf den Straßen ist es noch ganz ruhig. Das Leben der Einheimischen beginnt später. Beim Verlassen der Stadt bemerken wir wie groß die Stadt doch ist. Ein ziemlich großer Industriegürtel umgibt sie. Wir schreiten kräftig aus. So zeitig morgens ist es kühl, und es läuft sich sehr angenehm.
Nachdem wir Ponferrada ein Stück hinter uns gelassen haben wird es grau, und ziemlich schnell immer heller. Gegen halb acht steigt die Sonne plötzlich hinter den Bergen hell aufstrahlend empor. Da wir westwärts laufen und die Sonne morgens immer im Rücken haben, kann man diesen Augenblick ganz leicht verpassen. Am ersten Pilgermorgen haben wir darauf gewartet und es bewusst erlebt und sehr genossen. Es ist beglückend, in freier Natur die Sonne begrüßen zu dürfen. Da fällt es einem ganz leicht, unserem Schöpfer für die Sonne und den immer wiederkehrenden Wechsel von Tag und Nacht zu danken.
Wir gehen an Feldern, Obstplantagen und riesigen Weinhängen vorbei. In den kleinen Orten sind die Häuser in Gärten eingebettet. Das Gemüse in den Gärten und der Mais und die Kartoffeln auf den Feldern sind hier viel größer als zu Hause bei uns in Deutschland. Alles wächst sehr üppig und überall blühen in den Gärten große farbenprächtige Blumen. Die Erde ist sehr feucht und fruchtbar.

Die Farben der Blüten sind intensiv, kräftig und groß.
Staunend nehme ich das alles wahr. So hatte ich mir Spanien gar nicht vorgestellt. Diese farbenfrohe Pracht streichelt meine Seele. Inmitten eines kleinen Dorfes unter einem Blumenpavillon hat Willy, der ganz vorn lief, angehalten, und unsere Gruppe sammelt sich. So wie an diesem Morgen wird es an allen folgenden sein: Früh beim Losgehen trinken wir nur klares Wasser. Johannes hat uns aus seiner Erfahrung dringend empfohlen mindestens einen Viertelliter zu trinken, damit der Kreislauf unterwegs nicht schlappmacht. Für das gemeinsame Frühstück soll immer der vorn Laufende gegen neun Uhr halten, wenn er eine geeignete und schöne Frühstücksstelle entdeckt hat. Wenn dann alle elf nachgekommen sind, wird gemeinsam gefrühstückt.
In unseren Rucksäcken ist immer noch genug Essbares. Sogar das Brot reicht noch einmal. Nach drei Stunden Gehen langen alle kräftig zu.
Nach dem Frühstück beten wir gemeinsam die Laudes, das Morgengebet der Kirche auf der ganzen Welt. Auch das werden wir nun jeden Morgen gemeinsam tun.
An diesem Morgen spricht mich aus dem 5. Psalm der Satz: »Alle sollen sich freuen, die auf dich vertrauen und sollen immerfort jubeln.« besonders an. Besser kann meine Stimmung nicht beschrieben werden. In mir ist Jubel und Freude. Gestärkt an Leib und Seele machen wir uns wieder auf den Weg. Erstaunt bewundern wir unterwegs viele Störche auf Häusern und den meisten Kirchen. Auch das ist für mich unerwartet, dass in Nordspanien so viele Störche leben und wir erfreuen uns an ihrem schwungvollen Flug und wie sie und ihre Jungen in den Nestern stehen und lustig mit ihren Schnäbeln klappern.
In der Mittagszeit ruhen wir uns an einem Flusslauf aus. Es ist sehr heiß geworden und jede Wasserstelle wird von nun an freudig begrüßt und zum Trinken und Nachfüllen der Wasserflaschen genutzt. Es ist ganz wichtig viel zu trinken.

Unsere Gruppe zieht sich weit auseinander. Die Ersten sind den Letzten über eine halbe Gehstunde voraus.
Jeder muss lernen, sein eigenes optimales Gehtempo zu finden. Am zeitigen Nachmittag haben wir unsere ersten 23,5 Kilometer geschafft und erreichen Villafranca del Bierzo. Die letzten vier bis fünf Kilometer waren in der Hitze sehr anstrengend und es gab bei mir Momente des Zweifelns, es überhaupt zu schaffen. Gut ablenken konnte ich mich da, indem ich einfach beim Gehen die Schritte zählte und bei 100 wieder von vorn anfing. Ich sage von Herzen: »Gott sei Dank«, als ich als Letzte in Villafranca ankomme. Am Ortseingang wartet Willy auf mich und ich bin glücklich.
In Villafranca gibt es zwei Pilgerherbergen, und wir sind alle froh, gleich in der ersten Herberge am Ortseingang Schlafplätze zu bekommen. Unseren Pilgerausweis zieren nun schon zwei Stempel. Die Herberge ist ein schönes neues Haus und unser Zimmer wird über einen großen Balkon mit dem Nachbarzimmer verbunden. Es sind diesmal kleinere Räume, in unserem stehen drei Doppelstockbetten.
Vom Balkon aus genießt man einen herrlichen Blick auf den malerischen Ort und die sich dahinter stolz erhebenden Berge. Nach der zwar kalten, aber wohltuenden Dusche ist wieder das fast tägliche Wäschewaschen dran, heute mit anstehen an der Wäschestelle. Während dann die Wäsche lustig wedelnd auf der Leine hängt, gehen Willy und ich im Ort bummeln.
Nach einem spanischen Milchkaffee sind unsere Lebensgeister auch wieder erwacht.
Willy möchte so gern einmal auf einer spanischen Orgel spielen. Das Orgelspiel ist eines seiner Hobbies und da jede Orgel etwas ganz Einmaliges ist, schaut Willy immer in jeder Kirche die wir besuchen, ob eine Orgel darin steht. Darf er dann sogar mal auf einer spielen, ist er sehr glücklich. Leider geht sein Wunsch auf dem Wege von Ponferrada bis Santiago nicht ein einziges Mal in Erfüllung. Es gab unterwegs nur eine Orgel, und die hatte keinen Spieltisch!

Während Willy in Villafranca nach einer Orgel sucht, erkunde ich die Umgebung unserer Herberge.
Unweit unserer Herberge gibt es einen Friedhof. Ich liebe es Friedhöfe zu besuchen. In fremden Ländern haben Friedhöfe einen ganz besonderen Reiz für mich. Jeder Friedhof strahlt für mich Ruhe und Frieden aus.
In Spanien werden die Toten nicht in die Tiefe der Erde eingegraben. Sie ruhen über der Erde in steinernen Sarkophagen. Manche davon sind aus einfachen Steinen, andere aus glatt geschliffenem Marmor und manche sind richtige kleine Grabhäuschen oder Grabpaläste. Deutlich sieht man auf dem Friedhof in Villafranca, wer zu Lebzeiten arm oder reich war. Am Eingang des Friedhofes entdecke ich die kleine Santiagokirche mit ihrem schlichten Portal im romanisch-gotischen Übergangsstil. Mancher Pilger des Mittelalters, der es nicht mehr geschafft hätte bis Santiago de Compostela zu laufen, bekam bereits hier die damals übliche Generalabsolution.

Unterwegs

Das erzählt mir ein österreichischer Pilger, der gleich mit mir diesen Teil des Ortes erkundet.
Geht man den Weg am Friedhof ein Stück weiter, kann man die Burg des Marquez von Villafranca aus dem späten 15. Jahrhundert bestaunen. Mächtig fest und wehrhaft steht sie da, mit Rundtürmen und kräftigen Mauern. Steigt man dann ziemlich steil zur Stadt hinab, kommt man an weiteren Kirchen, Klöstern und mächtigen Bürgerhäusern vorbei und ich bewundere den Palast Torquemada in spanischem Barock und die spätgotische Santa Maria Kirche leider nur von außen, denn sie ist abgeschlossen. Es ist ein schönes Gefühl durch so eine alte Stadt zu laufen und ich lasse mich davon bezaubern. Als ich zur Herberge zurück bergan steige, rennen Matthias, Paul und Johannes fast unmittelbar bergab an mir vorbei ohne mich wahrzunehmen. Das geschieht so blitzschnell und überraschend, dass ich mich nicht bemerkbar machen kann und mich nur sehr wundere.
Warum haben es die drei in dieser Nachmittagsglut so eilig? Warum rennen sie in dieser Hitze, ohne jemanden wahrzunehmen? Als ich das in der Herberge meinem inzwischen auch zurückgekehrten Mann Willy erzähle, kann er mir den Grund ihrer Eile sagen: Johannes ist in der Dusche ausgerutscht. Er hat sich eine böse Risswunde über dem Auge zugezogen und die drei Männer eilten so rasch in den Ort, um die heftig blutende Wunde medizinisch versorgen zu lassen. Paul, der Arzt ist, hat dafür leider nichts mit, und eine Röntgenaufnahme soll auch eine Fraktur ausschließen.
Es ist ein großer Schreck für uns alle und es taucht neben der Sorge um Johannes die Frage auf: Werden wir morgen unseren geplanten Weg weitergehen können?
Johannes hatte aber Glück im Unglück. Der Kopf hatte keinen Schaden abbekommen, nichts war gebrochen, und der Riss wurde mit vier Stichen von einem freundlichen Arzt genäht. Eine Rechnung dafür kam nie. Am Abend leitet Johannes schon wieder unsere Abendandacht auf den Stufen

der großen Ortskirche, oben auf dem Berg hoch über der Stadt. Er spielt ein schönes Stück auf seiner Gitarre und begleitet unser Singen. Johannes ist hart im Nehmen und wir alle sind sehr froh und dankbar.
Dieser Unfall blieb der Einzige auf unserem Jakobsweg und es wurde auch keiner von uns, trotz der ungewohnten Anstrengung, krank.
Ist das nicht ein kleines Wunder? Was ist eigentlich ein Wunder? Wenn wir aufmerksam und demütig sind, dann erleben wir täglich Dinge, über die wir staunen und dankbar sein müssten. Ein anderes Wort dafür ist Wunder. Die meisten scheuen sich aber, dieses Wort zu benutzen.
Unser »Behütet sein« auf dem ganzen Pilgerweg in Spanien nenne ich bewusst Wunder. Dass Johannes` Sturz so harmlos blieb war eines.
Nur eine kleine Narbe wird davon zurückbleiben, eine Narbe, auf die Johannes vielleicht immer stolz sein wird.
Als ich mich zum zweiten Mal in einem spanischen Refugium zur Ruhe lege, durchdringen mich starke Dankesgefühle hier dabei sein zu dürfen. Auch für mein bisheriges Leben bin ich dankbar.

Der Weg von Villafranca de Bierzo über den Cebreiropaß bis nach O. Cebreiro, der ersten Station in Galicien

Am nächsten Morgen kurz vor fünf Uhr stehen wir auf. In unserem kleinen Schlafraum haben am Abend, als wir unterwegs waren, noch zwei Mädchen zusätzliche Matratzen an die schmale Wandseite gelegt, und so auch noch Schlafplätze gefunden. Dadurch ist alles besonders eng. Die beiden Mädchen schlafen noch fest. Im Dunkeln ganz leise alle Sachen zu finden, ist wieder sehr schwierig. Alles ist durch die zwei zusätzlichen Schläfer nicht mehr genau dort, wo man es am vorigen Nachmittag mühsam verstaut hatte.

Willy lässt in dieser Herberge seine neuen Sandalen stehen. Das merken wir aber erst in der nächsten Herberge nach 29 Kilometern. Dieser Verlust wird nicht der Einzige bleiben. Im Liegenlassen ist unsere Gruppe Meister. Glücklicherweise hat Willy noch die Badelatschen mit und kommt damit auch gut aus. Das ist wieder eine neue Erfahrung: Man braucht auf dem Camino sogar noch weniger als man zu Hause eingepackt hat. Und notfalls kann man etwas ganz dringend Benötigtes jederzeit auch unterwegs kaufen. An diesem Morgen geht es schon etwas flotter, wir stehen schon zehn Minuten nach halb sechs fertig vor der Herberge.

Ein kurzes Morgengebet und der heutige Wegesatz geben den richtigen Schwung zum Losgehen:
JEDER SCHRITT FÜHRT MICH MEINEM ZIEL NÄHER, AUCH UMWEGE.

Wir wissen, dass uns heute ein anstrengender Tag erwartet. Vor uns liegen 29 Kilometer, die uns hoch hinauf ins Gebirge führen werden. Wir wollen den Gebirgspass ersteigen und werden kurz vor dem Tagesziel die Grenze zu Galicien überschreiten. Galicien hat seit 1981 wieder einen Autonomiestatus, nachdem es historisch ein Königreich gewesen war, mit Santiago de Compostela als Hauptstadt. Johannes verspricht uns am Morgen, dass es heute am Ziel »ganz schnuckelig« sein wird, was in Hochdeutsch so viel wie »es wird wunderschön sein« bedeutet. Wir laufen wieder im Dunkeln los. Die Luft ist kühl und feucht. Das ist sehr angenehm und wir schreiten rasch aus und kommen gut voran. Auch das wird in den folgenden Tagen immer so sein. Kilometerlang laufen wir am Rande einer Autostraße, aber es fahren kaum Autos. Das ist angenehm, aber verwunderlich. Als es dann wieder rasch hell wird, löst sich das Rätsel, warum auf unserer Strasse kaum Autos fahren. Wir sehen über uns eine neue Autobahn, die sich über Täler spannt und von einem Berg zum anderen verläuft.

Fahrgeräusche hatten wir schon lange gehört und sehen nun auch den Verkehr vor und über uns.
Erst vor wenigen Jahren wurde die Autobahn gebaut. Es gibt riesige Brücken und ich kann nicht umhin diese Wunderwerke der menschlichen Baukunst zu bestaunen. Hier kann ich einfach nicht, wie sonst oft, mit in das Klagegeschrei über die zerstörte Umwelt einstimmen. Mir geht es hier eigenartigerweise anders: Ich bewundere die Klugheit der Menschen, die fähig sind, solche Bauwerke zu errichten. Diese neue Autobahn wurde genial in die Berglandschaft eingebettet und mich fasziniert das. Menschen rücken dadurch enger zusammen. Ich bin ganz erstaunt, dass mir gerade hier die positive Seite der Weiterentwicklung so bewusst wird. Alles hat immer zwei Seiten. Die Mobilität der Menschen, die Autobahnen braucht, ist gut, oder möchte wirklich jemand von uns so leben wie vor 300 Jahren, als es noch keine Eisenbahn, kein Auto und kein Flugzeug gab?
Ich lasse diesen Gedanken unbewertet und freue mich darüber, dass unser Schöpfer die Menschen mit so viel Klugheit ausgestattet hat, solche baulichen Wunderwerke zu schaffen. Neben unserer alten Straße grüßen uns immer wieder große und kleine Schilder mit der Jacobsmuschel, dem Zwölfsternenkranz für Europa und der Aufschrift »Camino de Santiago«. Auf dem Weg nach Santiago de Compostela, dem Camino, zu laufen, dieses Gefühl ist wundervoll.
Nach den ersten so gut gelaufenen Kilometern dieses Morgens nehme ich zunächst erstaunt und zunehmend entsetzter werdend wahr, dass ich starke Rücken- und Schulterschmerzen bekomme. Der Rucksack scheint schwerer und schwerer zu werden, und meine Schmerzen fangen an unerträglich zu werden. Wie soll das heute weitergehen? Es liegen noch mehr als 20 Kilometer bergan vor uns. Mir ist das rätselhaft und macht mir Angst. Ich bin erleichtert, als einige von uns an einer Trucker-Raststätte anhalten und eine ungeplante Pause einlegen, um Kaffee zu trinken und Brot fürs Frühstück zu kaufen.

Am heutigen Morgen waren wir zwar schon durch mehrere Orte gelaufen, aber es gab nirgends Brot zu kaufen.
Wir hatten bisher fast keinen Menschen getroffen, und die Dörfer sahen alle ziemlich ärmlich aus. Es gab viele heruntergekommene unansehnliche oder ganz zerfallene Häuser. An der Trucker-Raststätte weckte mir ein Kaffee die Lebensgeister wieder auf und nach dem Absetzen des Rucksackes kann ich die Ursache meiner Rückenschmerzen rasch herausfinden.
Beide Aufwärtszugriemen, die die Last des Rucksackes von der Schulter ableiten und nach oben ziehen, waren offen und aus der Verankerung herausgelöst, somit also ohne Wirkung. Wie das auf beiden Seiten gleichzeitig passieren konnte, kann ich mir bis heute nicht erklären. Aber ich hatte neu gelernt, dass man immer wieder nachprüfen und gegebenenfalls nachstellen muss, damit der schwere Rucksack optimal eingestellt ist. Es war eine Erleichterung, nach Beheben des Fehlers den Rucksack wieder locker tragen zu können. Ich musste richtig darüber lachen, dass ich über so etwas Simples so froh und glücklich sein konnte. Von da an prüfte ich oft, ob am Rucksack alles noch genau richtig eingestellt war und regulierte oft nach. Das kann jeder nur für sich selbst allein tun, denn kein anderer kann das Körpergefühl eines anderen Menschen mitempfinden.
Nur wenige Kilometer nach dieser Rast entdecken wir an einem kleinen Fluss eine wunderschöne Wiese. Als wäre er für uns dort hingebaut worden, steht darauf ein großer, aus Brettern zusammengezimmerter Holztisch. Darauf breiten wir alle unsere Esswaren aus. So in Gottes freier Natur schmeckt das Frühstück sehr gut. Ein riesiger Weißbrotberg zusammen mit Wurst, Käse, Marmelade und Nutella war rasch vertilgt. Nun sind auch die Rucksäcke leichter.
In der Laudes beten wir:

> Dich Vater, Sohn und Heiliger Geist
> voll Freude alle Schöpfung preist.

Der jeden neuen Tag uns schenkt
und unser ganzes Leben lenkt.

Auf der sonnenüberfluteten Blumenwiese, die von den Bergen umgeben ist, beten sich diese Worte nicht nur mit dem Mund. Ich glaube alle unsere Herzen sind wirklich mit dabei und so beten wir weiter:

Verkündet seine erhabene Größe,
preist Ihn laut vor allem, was lebt.

Schöne Aussicht vom Berg

Auf dem Camino ist viel Raum und Zeit, der Sehnsucht nach religiösem Tun nachzukommen.
Die Sehnsucht lebt in jedem Menschen und kommt im Alltag viel zu kurz. Das Beten in Gemeinschaft auf dem Camino ist sehr wohltuend.
Unser Weg geht weiter und schon bald verlassen wir die Straße und laufen durch eine zauberhafte Landschaft stetig bergan.
Unsere Gruppe zieht sich weit auseinander, und beim Alleinlaufen kann man sich ganz den eigenen Gedanken und Ge-

fühlen hinwenden, die aus dem Innersten ins Bewusstsein aufsteigen. Es ist schön, so ganz mit sich allein zu sein!
Die Bergwelt ringsum ist grandios und wunderschön. Kaum hat man einen Blick genossen, der bezauberte, kommt nach einer Wegbiegung ein neuer Ausblick, der noch viel herrlicher ist als der Vorherige. Am liebsten bliebe ich an all diesen Stellen länger stehen, um die Spuren und Bilder noch tiefer in meine Seele eingraben zu können.
Mein kleiner Fotoapparat kann diese Schönheit leider nur sehr bruchstückhaft festhalten. Unterwegs denke ich besonders viel an meine erwachsenen Kinder und an das Leben mit ihnen. Ich bete für sie und bitte Gott um seinen Segen für ihren ganz persönlichen weiteren Lebensweg. Den haben sie nun selbst gewählt und ich kann manches davon nicht verstehen. Vielleicht ist es aber einfach so, dass die Eltern nicht alles verstehen können und auch nicht müssen. Ich hoffe und wünsche, dass alle meine vier Kinder auf gutem Weg bleiben und Gottes Segen immer bei ihnen ist. Ich liebe meine Kinder und bin auf alle vier stolz.
In dieser schönen Bergwelt dankt man ganz von selbst Gott für seine wunderbare Schöpfung. Man dankt für das Hier sein und dafür, alles so intensiv erleben zu dürfen. So vergehen schnell wieder zwei Stunden und es wird zunehmend wärmer und auch sehr anstrengend, da es immer weiter bergauf geht. Bergauf bin ich meistens das Schlusslicht der Gruppe.
Ich mute meinem Herzen da viel zu, und mein Herz zahlt es mir mit stark erhöhter Frequenz heim, die auch in den Ruhephasen viel zu lange anhält. Ich beschließe, das einfach zu ignorieren. Vor etwa sechs Jahren war ich nach einer simplen Erkältung an einer Myocarditis erkrankt, die mich wochenlang ins Krankenhaus brachte.
Damals hatte ich befürchtet nie wieder richtig wandern gehen zu können. Schon der kleinste Spaziergang war da eine riesige Anstrengung, auch Monate später.

Vielleicht macht es mir diese Erfahrung erst möglich, jetzt so dankbar und froh zu sein, dass ich nun wieder in der Lage bin, 29 Kilometer meist bergauf durchs Gebirge zu pilgern, und dabei fast 1000 Höhenmeter zu überwinden.
Ich bin sehr glücklich, das mit über 50 noch so gut zu schaffen. Mich stört es nicht sehr, bergauf meist die Letzte zu sein. Ich bin glücklich, hier überhaupt dabei zu sein und alles zu bewältigen.
Mir kommen Gedanken, dass wir Menschen manchmal seltsame Wesen sind. Selten denken wir über die unzähligen Dinge nach, die uns unverdient geschenkt werden. Wir danken viel zu wenig dafür. Fehlt aber etwas, dann erwachen wir wie aus dem Winterschlaf und fangen an zu bitten. Jeden Tag unseres Lebens sollten wir vor allem danken. Diese Erkenntnis möchte ich in den Alltag mit nach Hause nehmen und nicht vergessen.
Über Dreiviertel des heutigen Weges sind geschafft und ich schnaufe wieder ein Bergstück hinauf, da sitzen plötzlich unter einem Schatten spendenden Baum Inka und Paul. Bis zu diesem Augenblick war ich überzeugt die Letzte der Gruppe zu sein. Aber es fehlen auch noch Stephan und Ingo, und Paul und Inka sind sehr besorgt um die beiden.
Als ich Ingo heute das letzte Mal gesehen hatte, war er hochrot und wirkte sehr mitgenommen und überanstrengt. Ingo schleppt ein paar Pfunde Körpergewicht zu viel mit sich, ist auch nicht ganz herzgesund und kommt bergauf auch schnell an seine Leistungsgrenze, obwohl er noch jung ist. Ich geselle mich zu den Wartenden und wir machen uns zunehmend Sorgen, je mehr Zeit vergeht. Hoffentlich ist nichts passiert! Als die beiden dann endlich kommen sind wir sehr erleichtert. Ingo ist ein fast immer lachender und lustiger Mann. Beschwerden, die andere ihm ansehen, bagatellisiert er. Bestimmt würde er keine Schwäche zugeben, und das kann gefährlich werden. Oft bringt Ingo mit seiner Art andere zum Lachen, auch wenn es ihm selbst vielleicht gar nicht gut geht.

Mit dieser seiner Art ist er ein Segen für andere. Die letzten fünf, sechs Kilometer sind, wie an jedem Pilgertag die, die am meisten anstrengen. Man sieht schon den Berggipfel und glaubt am Ziel zu sein, und dann kommt einen neue Wegbiegung und der Gipfel ist wieder ein Stück ferner als zuvor. Ich gehe einfach weiter, immer weiter, und obwohl ich körperlich fast an der Grenze der Belastbarkeit bin, gefallen mir die wechselnden Bergblicke noch immer gut.
Ab und zu bleibe ich stehen, bewundere die Bergwelt, die mich traumhaft schön umgibt und schöpfe noch ein wenig Kraft.

Grenzstein zu Galicien Foto: Bernd Kasper

Der Grenzstein zu Galicien liegt schon eine Weile hinter uns und es kann nun wirklich nicht mehr weit bis zum Ort O. Cebreiro sein.
Plötzlich kommt mein Mann Willy von oben angesprungen. Er wartete mit den Ersten schon fast eine Stunde am Eingang des kleinen Ortes, ist gut ausgeruht und vom Berganstieg wieder regeneriert. Ich freue mich ihn zu sehen.

Er will mir nun unbedingt helfen und den Rucksack abnehmen, den ich aber selbst bis zum Ziel tragen möchte. Es gibt ein Hin und Her und ich bin momentan zu kaputt, um weiterzustreiten. Eigentlich nur um meine Ruhe zu haben, gebe ich dann doch nach und Willy schultert siegreich meinen Rucksack.
Zum Dorf ist es gar nicht mehr weit, aber sofort als mir die Last des Rucksackes fehlt, schmerzt mir das eine Knie so unerträglich, dass ich regelrecht humpelnd das Dorf erreiche. Mir wird bei den wenigen humpelnden Schritten klar, dass es wieder einmal falsch war nachgegeben zu haben. Den ganzen Tag bergan mit der Last laufend hatte sich mein Körper, also auch meine Knie, auf die Belastung eingestellt. Nun plötzlich, ohne die 14 Kilogramm, musste der Knieapparat beim weiter bergan laufen einfach schlapp machen und das Signal senden: Halt, was machst du, bist du verrückt geworden? Wir sind doch völlig anders eingestellt.
Diese Erkenntnis äußere ich beim Erreichen der Gruppe und alle lachen herzhaft. Nur mein Mann Willy nicht. Er ist tödlich beleidigt, unsere alten Mechanismen werden ausgelöst. Wir verstehen uns nicht mehr.
Willy fühlt sich bloßgestellt und unverstanden, empfindet mich als undankbar und schnappt ein. Er hatte helfen wollen und überschwängliche Dankbarkeit erwartet und verstand meine Reaktion nicht. Er wollte einfach nicht kapieren, dass seine gut gemeinte Hilfe falsch gewesen war. Diese eigentlich winzige Ursache löste eine richtige Lawine zwischen uns aus. Einer warf dem anderen Nichtverstehen vor und viele unseren uralten Probleme schossen wie Pilze nach dem Regen an die Oberfläche und sollten uns die nächsten zwei, drei Tage immer wieder neu belasten.
Jetzt, lange Zeit später, kann ich noch einmal in Ruhe darüber nachdenken und vieles besser verstehen.
Unsere Auseinandersetzungen und das Ansprechen von Problemen beim Wandern auf dem Camino waren aber gut.

Ein wenig anders gehen wir jetzt öfter mit uns um. Wir konnten auf dem Camino vieles ansprechen, weil wir auf diesem Wege nicht wirklich voreinander weglaufen konnten. Andererseits konnten wir uns auch stundenlang aus dem Weg gehen und uns mit unseren eigenen Anteilen und Fehlern auseinandersetzen. Die Gruppe merkte von unseren Paarkonflikten nichts. Wir schafften es, die Gruppe nicht zu belasten und das war gut so. Als ausgerechnet an diesem Tag Jette zu mir sagte, dass sie bewundere wie wir als Ehepaar miteinander umgehen, musste ich richtig lachen.
Ich ließ Jette hinter unsere Kulissen schauen. Viele Gespräche mit Jette waren etwas sehr Kostbares für mich. Die lebenslustige, nach außen immer fröhliche Jette hat sehr gravierende Probleme, vor denen sie regelrecht auf den Jakobsweg geflohen war, und wovon keiner etwas ahnte. Jette ist eine wundervolle und sehr starke Frau. Vielleicht war ihr Mann gerade vor dieser Stärke und auch Perfektheit davongelaufen? Oder aber hat das mit ihr als Frau überhaupt nichts zu tun und die Ursachen liegen ganz allein bei ihrem Mann?

Keltische Häuser in Galicien

Es gibt ja Menschen, die nach langer gemeinsamer und guter Zeit etwas ganz Neues tun. Aber wie soll der liebende Partner das verkraften und aushalten? Darf man so etwas wirklich tun? So etwas dem Partner und den Kindern antun? Jette unterhielt sich ganz gern auch mit Willy und seine männliche Sicht von Paarproblemen und vor allem seine Betroffenheit taten Jette sehr gut.
Viele Gespräche untereinander zwischen allen Gruppenmitgliedern auf dem Camino waren heilsam. Danach konnte die Realität wieder angenommen werden und das Weitergehen auf dem persönlichen Lebensweg wurde wieder erträglich oder überhaupt erst wieder möglich. Oft ist bei solchen Gesprächen gar keine Meinungsäußerung des anderen nötig. Wichtig sind nur das Zuhören und das Aushalten des Gehörten.
Oft hilft es weiter, einem Zuhörer alles erzählen zu können und das Gefühl zu haben, verstanden zu werden.
Für mich war es gut, dass ich meinen Kummer nochmal Johannes erzählt habe. Es tat mir sehr gut zu hören, dass auch er überzeugt gewesen war, dass es besser sei, jeder trägt seinen Rucksack selbst zum Ziel. Er hatte sich in unserer Auseinandersetzung aber nicht einmischen wollen, obwohl er es mitbekommen hatte.
Was Willy und mir gleichermaßen schwer fällt ist, Fehler zuzugeben. Dabei kann das Erleben mit dem Rucksack ein Schlüsselerlebnis sein, und ist ein gutes Bild fürs tägliche Leben. Wir alle tragen Lasten, die wir uns selbst aufgeladen haben oder die uns auferlegt worden sind.
Abnehmen kann und darf sie uns nur ein anderer Mensch, wenn wir das auch selbst wollen und ausdrücklich darum bitten. Oft ist es der größere Gewinn für uns allein, wenn wir es aushalten, und die Last bis zum Ziel tragen.
Alles in uns hat sich ja darauf eingestellt. Es ganz allein geschafft zu haben, das macht stark und froh. Jeder Mensch muss selbst entscheiden dürfen, womit er fertig werden will. Das schafft er dann auch.

Endlich angekommen in O. Cebreiro laufen wir durch das wunderschöne Dorf. Johannes hat uns am Morgen nicht zu viel versprochen. Die Gebirgslandschaft am Tage war traumhaft schön und O. Cebreiro ist wie ein Märchendorf.
Es stehen hier die letzten keltischen Häuser als Dorf angeordnet. Ein solches Haus ist aus Bruchsteinen erbaut.
Es ist rund, niedrig und fensterlos und hat ein großes Kegeldach aus getrocknetem Heidekraut oder Ginster.
Jetzt sind viele dieser Häuser als Museen eingerichtet. Gekocht wurde früher am offenen Feuer und es gab keine Schornsteine. Menschen und Haustiere wohnten gemeinsam in dem kleinen Haus und schützten und wärmten sich gegenseitig im Winter. Es ist wirklich ein ganz »schnuckeliger Ort« und er bezaubert mich.
Am Rande des Museumsdorfes, zu dem auch eine große Autostraße für die Touristen heranführt, steht eine große, neu gebaute Pilgerherberge mit herrlichem Blick in die Berge ringsum.
Wir sind an diesem Tag erst spät am Nachmittag angekommen, und alle Betten sind bereits belegt. Wir dürfen aber als Gruppe unsere Isomatten in einem großen Aufenthaltsraum ausrollen und es uns auf dem Fußboden bequem machen. Neben der Pilgerherberge ist ein Berghügel. Dort ganz oben ist der Blick über das Dorf in der Bergwelt so schön, dass ich mich kaum satt sehen kann. Am liebsten würde ich einige Tage hier oben bleiben.
In den Pilgerherbergen darf aber jeder Pilger nur eine Nacht bleiben und wir hatten als Gruppe ja auch einen festen Plan.
Am Abend dieses Tages nehmen wir in der kleinen Kirche am Pilgerabendgottesdienst in spanischer Sprache teil. Die kleine romanische Kirche wurde um 800 erbaut.
Einige Teile der heutigen Kirche sind noch von damals, und sie sieht aus, als ducke sie sich mit dem niedrigen Turm eng an den Erdboden. Die Außenmauern der Seitenschiffe sind aus dem 13. Jahrhundert.

Wir bewundern die Gottesmutterstatue aus dem 12. Jahrhundert. Sie trägt eine Juwelenbestückte Krone und das Jesuskind hebt segnend die rechte Hand. In der linken Hand trägt Jesus die Welt als Apfel. Beide Figuren haben ausdrucksstarke Gesichter. Christus am Kreuz über dem Altar ist auch eine sehr eindrucksvolle Plastik.
Zum Abschluss dieses Pilgertages kehren wir in eines der keltischen Rundhäuser ein. Es ist eine Gaststätte. Wir genießen erstmals ein sehr preiswertes Pilgermenü. Es besteht aus drei Gängen. Jeder darf bei Vorspeise, Hauptgericht und Nachspeise noch mal unter drei Angeboten wählen. Dazu gibt es gut schmeckenden Rotwein.
Als wir gut gestärkt das Gasthaus verlassen, verzaubert uns als krönender Abschluss dieses Tages ein herrlicher Sonnenuntergang. Von golden über gelb und rot in den verschiedensten Intensitäten verabschiedet sich die Sonne und verschwindet hinter einer Bergkette.
Es ist ein kostbarer Moment, und wie ein Geschenk zur Nacht. Wir sind unserem Ziel ein großes Stück näher gekommen und sagen Dank für diesen einzigartigen Tag.

Der Weg nach Triacastella

Die Nacht auf dem Fußboden und das Erwachen sind unangenehm. Der Rücken tut sehr weh. Es ist, als müssten sich alle Knochen, Bänder und Muskeln erst richtig einstellen. Dazu bin ich den Tränen nahe. Ich finde nämlich meine Wanderschuhe nicht. Sie stehen nicht mehr da, wo ich sie am Abend hingestellt hatte. Das Licht meiner winzigen Taschenlampe hilft mir kaum und ich irre in Socken zwischen den anderen Pilgern herum, die gern noch etwas schlafen möchten. Auch gestern Abend sind noch Pilger dazugekommen, froh, auch noch ein Fußbodenlager zu erhalten. Jeder Quadratmeter Fußbodenfläche wird genutzt.

Alle anderen meiner Gruppe verpflastern vorbeugend schon die gefährdeten Stellen ihrer Füße und Zehen oder packen schon den Rucksack fertig, und ich suche immer noch meine Wanderschuhe. Ich beginne mich zunehmend zu ärgern.
Inzwischen weiß ich, dass Willy die Schuhe an einen luftigen Ort gestellt hat. Dort war am Nachmittag noch alles frei gewesen. Jetzt schlafen dort die spät angekommenen Pilger, und im Dunkeln sieht alles ganz anders aus. Eine Orientierung ist schwer.
Willy hat mit sich zu tun und hilft mir nicht. Ich werde immer nervöser. Indem ich einen noch schlafenden Pilger mit meiner immer hektischer werdenden Leuchterei störe und aufwecke, entdecke ich dann ganz abseits endlich meine Schuhe. Erleichtert, aber noch immer richtig wütend, kann auch ich endlich meine Schuhe anziehen und den Rucksack fertig packen.
Ein ganz wichtiger Grundsatz auf einer Pilgerreise mit Übernachtung in Massenquartieren ist: Jeder ist ganz allein selbst für alle seine Sachen verantwortlich und sollte nie Dinge von jemand anderem an eine andere Stelle hinstellen, sei es auch noch so gut gemeint. Sonst ist Suchen und Ärgern vorprogrammiert und es wird noch mehr liegengelassen.
Dieser Grundsatz gilt besonders für Paare.
Gutgemeinte Hilfe bewirkt sonst genau das Gegenteil. Hätte es sich in meinem Fall nicht um die dringend benötigten Wanderschuhe gehandelt, wäre wieder etwas stehengelassen worden.
Ich bin sehr erleichtert, dass sich unser Aufbruch durch mein Suchen nicht verzögert. Als wir dann draußen vor der Herberge stehen, freue ich mich über den sanften Morgenwind, der mir durch das Haar bläst, und ich stelle erstaunt fest, dass mein Rücken gar nicht mehr weh tut. Durch die Aufregung beim Suchen der Schuhe haben alle Knochen, Sehnen, Gelenke und Muskeln ihre richtige Lage von selbst wieder eingenommen.

Nach dem Morgengebet nehme ich den heutigen Wegesatz besonders intensiv in mich auf:
ACHTE AUF DEINE GEDANKEN,
SIE SIND DER ANFANG DER TAT. (aus China)

Dazu fällt mir sofort ein Aufsatzthema aus meiner Schulzeit ein. Es lautete: »Träum vor, pack zu«. Aufsätze in denen man seiner Phantasie freien Lauf lassen konnte habe ich geliebt. Damals schrieb ich, dass jede Entwicklung zunächst von den Menschen geträumt wurden, bevor sie begannen die Träume zu verwirklichen. Jahrhunderte lang träumten die Menschen beispielsweise davon, es den Vögeln gleich zu tun und durch die Luft zu fliegen. Von diesem Traum kamen sie nicht mehr los und die Tollkühnsten probierten das Fliegen aus. Sie bauten Flügel und sprangen von hohen Punkten los. Anfängliche Bruchlandungen konnten die Menschen nicht stoppen. Mit viel Fleiß gelang es den Flugvätern dann, mit ballonartigen Geräten und bald schon mit Flugzeugen zu fliegen. Heute fliegt man in wenigen Stunden von Europa nach Japan oder Amerika und keiner wundert sich mehr darüber.
Solche Gedanken gehen durch meinen Kopf und der heutige Wegesatz lässt mich gar nicht mehr los.
In mir wird die Idee geboren, alles auf dem Camino Erlebte aufzuschreiben. Vielleicht weckt das bei anderen beim Lesen die Lust auch einmal einfach loszugehen und eine Wegestrecke zu pilgern.
Auf dem Jakobsweg werden Sehnsüchte gestillt, die wir modernen Menschen uns wahrzunehmen kaum noch gestatten. Dazu gehören, den eigenen Gedanken freien Lauf zu lassen und lange mit sich selbst beim Gehen allein zu sein. Dabei ist Zeit, das ganze bisherige Leben wie in einem Film vor sich zu sehen und Gott für alles Gute darin zu danken. Beim Laufen erlebt man den eigenen Körper und merkt, dass man ihm viel mehr zutrauen kann als man vorher glaubte.

Ich hätte es nicht für möglich gehalten, viele Tage mit einem schweren Rucksack täglich 20 bis 30 Kilometer zu laufen. Das Gefühl der Dankbarkeit, das zu schaffen, ist mit Worten schwer auszudrücken und die Freude über die Leistungsfähigkeit des eigenen Körpers erlebt man hier jeden Tag neu.

Unterwegs

Stundenlang kann man auf dem Jakobsweg mit sich selbst unterwegs sein und trägt das bisherige Leben mit sich, symbolisiert durch den großen, manchmal sehr schwer werdenden Rucksack.
Unterwegs hat man viel Zeit und die Chance sich selbst neu und vielleicht auch von einer bisher unbekannten Seite kennen- und liebenzulernen. Vielleicht wieder zu sich selbst »ja« zu sagen. Wenn man es schafft, sich selbst wertzuschätzen und zu mögen ist das ein Anfang auch zu anderen Menschen bedingungslos »ja« sagen zu können und sie so anzunehmen wie sie sind. Nach einem langen Pilgerweg ist man abends oft körperlich so fertig, dass man meint am nächsten Tag nicht weitergehen zu können.

Aber nach einer Nacht guten Schlafes erlebt man sich am nächsten Morgen wieder ganz frisch und brennt darauf gleich auf dem Camino zu laufen. Wann machen wir noch die Erfahrung der völligen Regeneration unserer körperlichen Kräfte in nur einer Nacht guten Schlafes? Schon dieses eine Erleben ist es wert, auch einmal eine Pilgerreise anzutreten und das selbst auszuprobieren.
Jetzt bin ich in Gedanken abgeschweift, und möchte zu unserem heutigen Weg nach Triacastella zurückkommen.
Oft sind die steilen und anstrengenden Anstiege gleich früh am Morgen, so auch heute. Ziemlich fertig erreichen wir gegen neun Uhr den höchsten Punkt des spanischen Jakobsweges. Er ist noch etwas höher gelegen als der gestrige Cebreiropass. Genau an diesem Punkt hat ein pfiffiger Spanier ein kleines, einfaches Wegecafe eingerichtet. Dieser Versuchung widerstehen die meisten Pilger nicht und auch wir genießen unseren beliebten Kaffee mit geschlagener Milch. Dazu schnurrt ein niedliches Kätzchen mit samtweichem Fell um meine Beine.
Das Kätzchen ist glücklich, als ich es liebkose und mit ihm spiele. Erst hier oben beim Schmusen mit der kleinen Katze verlässt mich der letzte Rest Groll des Morgens, als ich so verzweifelt meine Wanderschuhe gesucht habe.
Unser Frühstück nehmen wir eine halbe Stunde weiter auf einer kleinen Wiese auf einem Dorffriedhof neben der Friedhofskapelle ein. Ich denke an die mir unbekannten Toten, die unter der Grabplatte ruhen, neben der mein Rucksack steht. Es ist ein sehr friedlicher Ort und ich habe das Gefühl, die Toten gewähren uns Gastfreundschaft.
In der Laudes beten wir heute:

> Herr deine Güte reicht so weit der Himmel ist,
> deine Treue soweit die Wolken ziehen.
> Deine Gerechtigkeit steht wie die Berge Gottes,
> deine Urteile sind tief wie das Meer.
> Herr, du hilfst Menschen und Tieren,
> Gott wie köstlich ist deine Huld.

Ich fange an das tägliche Morgengebet zu lieben. Es ist schön zu wissen, dass unzählige Menschen auf der ganzen Welt zu fast der gleichen Zeit die gleichen Gebete sprechen.

Dieses Wissen schenkt Kraft und ich spüre zunehmend eine wohltuende Gelassenheit nach jedem gemeinsamen Beten.

Nicht weit vom Friedhof entdecken wir eine Wäschestelle, wie es sie vor 100 Jahren auch in deutschen Dörfern gab. Quellwasser fließt immerfort in einen großen Steinbehälter in dem die Dorffrauen ihre Wäsche spülten. Es sieht so aus, als würde noch heute hier manchmal gewaschen oder auch Tiere getränkt.

Ich stelle mir die Dorffrauen vor, wie sie beim Spülen miteinander schwatzten und Neuigkeiten austauschten.

Ein paar Meter weiter sehen wir auch noch zwei keltische Rundhäuser mit Reisigdach.

Städtische Hektik kennt ein solches Gebirgsdorf nicht und man spürt die Ruhe und Gelassenheit.

Der heutige Weg ist landschaftlich wieder sehr schön. Es geht bergauf und bergab. Wie vorher schon beschrieben, strengt mich das Aufwärtsgehen sehr an. Matthias hat gemerkt, dass ich weit nachhänge und wartet auf mich.

Matthias kann das, was viele Menschen nicht können. Er läuft mit mir langsam, obwohl ihm das schnelle Ansteigen viel leichter fällt und seine Stärke ist. Uns beiden geht es genau umgekehrt. Matthias muss wegen Knieproblemen abwärts langsam laufen und ihn strengt das an. Ich kann abwärts sogar rennen.

Mit Matthias aufwärts zu laufen ist schön. Bei ihm habe ich nicht das Gefühl eine Bremse zu sein und schneller gehen zu müssen. Bei der Unterhaltung mit Matthias vergesse ich sogar, dass ich bergan steige und komme gut voran. Wir unterhalten uns über die Handybesessenheit vieler Menschen. Wir stimmen darin überein, dass es angenehm ist, nicht ständig und überall erreichbar zu sein. Dazu fällt mir ein Zeitungsartikel ein, der mich kürzlich sehr berührte.

Darin stand: Wer heute verreist und nicht spätestens am zweiten Tag daheim anruft, gilt als vermisst und weckt die Angst, dass etwas passiert sein muss. Eigenartig, das Handy erlaubt eine ständige Erreichbarkeit und hat trotzdem kein Klima größeren Vertrauens und größerer Sicherheit geschaffen. Andersherum gesagt: In dem Maß, in dem Vertrauen und Sicherheit schwinden, wächst das Bedürfnis nach ständiger Rückversicherung, dass alles in Ordnung ist. Die Menschen halten es immer weniger aus auch mal mit sich allein zu sein. Wenn Menschen aber nicht mehr allein sein können und auch Angst, Unlust und Krisenmomente nicht aushalten können, verkümmert die Erfahrung, dass etwas Höheres, ein Anderer uns alle trägt.

Das letzte Stück unseres Weges nach Triacastella geht lange Zeit bergab und ich laufe ganz vorn. Heute kann ich am Ortseingang das Warten auf die Langsameren einmal genießen. Als Matthias kommt trägt er nicht einen, sondern zwei Rucksäcke. Auf dem Rücken hat er seinen, und vorn auf der Brust hat er Juttas Rucksack aufgeschnallt. Matthias hatte bemerkt wie Jutta sich quälte. Sie hat sich heute große, schmerzende Blasen an ihre Füße gelaufen.

Sie kann kaum noch gehen, humpelt entsetzlich und hat Matthias′ Hilfe gern angenommen. Matthias′ selbstverständliche Hilfsbereitschaft zu erleben ist ein Geschenk. Er geht mit den zwei Rucksäcken ganz aufrecht und seine Augen strahlen jetzt ganz besonders. Immer wieder erleben wir auf dem Jakobsweg ganz selbstverständlich eine große Hilfsbereitschaft, die nie vieler Worte bedarf und ein richtiges Geschenk ist.

In Triacastella gibt es eine neue Herberge mit 80 Plätzen. Bei unserer Ankunft liegt aber schon eine riesenlange Rucksackschlange, die sich über die Wiese schlängelt, vor der Herberge. Wir zählen und es wird uns klar: Ein Bett bekommen wir hier wieder nicht. Wir beratschlagen kurz, ob wir heute Nacht im Freien schlafen wollen und laufen dann doch weiter in den Ort hinein, wo wir in einer kleinen, privaten Herberge Unterkunft finden. Wir finden alle zwölf in einem größeren Raum Platz und später kommen noch englische, österreichische und schweizerische Pilger in die anderen Räume.

Rucksackschlange vor der Herberge

Die Betträume sind genauso ausgestattet wie in den üblichen Pilgerherbergen. Jedes Bett hat nur eine unbezogene Matratze. Mit sieben Euro für eine Nacht ist der Preis nur gering höher als in den Refugios. Die Pension ist ein uraltes Haus. Innen ist es mit alten Holzbalken ausgeschlagen und die Holzdielen knarren bei jedem Schritt. In der komplett eingerichteten, sauberen Küche dürfen wir kochen, und meine Freude ist riesengroß, als ich auch gleich neben unserem Schlafraum ein Bad mit Badewanne entdecke. Selten habe ich ein Bad so genossen wie hier.

Es gab sogar warmes Wasser, eine Rarität auf dem spanischen Jakobsweg. Was zum Kochen fehlt, gibt es gleich neben der Pension zu kaufen. In dieser Zeit hat Willy schon die vielen Pilze geputzt, die wir heute am Wegrand gefunden haben. Willy ist heute der Chefkoch und genießt es, dass Jette und Inka mit ihm kochen. Es gibt heute Nudeln mit Tomatensoße und Wurststücken und Brot mit gebratenen Pilzen. Frische Obststücke haben die drei Köche kunstvoll auf Platten aufgeschichtet und der spanische Rotwein, der hier ganz preiswert ist, schmeckt köstlich.
Willy ist glücklich, dass alle das Essen loben und es allen hervorragend schmeckt. Im Aufenthaltsraum, in dem wir essen, befindet sich überall an den Wänden und auf Regalen eine interessante Ausstellung alter Messgewänder und viele andere sakrale Utensilien und Dinge, die etwas über den Jakobsweg erzählen.
Ingo übernimmt den Abwasch und ich möchte helfen. Ingo wäscht aber so hingebungsvoll jeden einzelnen Topf und Teller mindestens zehnmal ab und es dauert so ewig, dass ich zwischendrin noch die gesamte Wäsche waschen kann. Normalerweise hätte es mich sehr genervt, wenn jemand so langsam abwäscht.
Hier auf dem Jakobsweg finde ich das lustig. Außerdem kann ich Ingos Englisch bewundern. Er unterhält sich recht flüssig mit einer Pilgerin aus Liverpool. Sie ist das erste Mal in Spanien und das Pilgern auf dem Jakobsweg gefällt ihr. Das gute Miteinander aller Pilger berührt sie tief.
Am Abend dieses Tages feiern wir unsere erste gemeinsame Gruppenmesse. Nicht weit von der Herberge finden wir eine große Wiese, auf der wir ganz ungestört unsere Isomatten im Kreis auslegen können. Der Abend senkt sich schon ganz sanft hernieder und die Vögel singen in den Bäumen ringsum jubelnd ihr Abendlied.
Auch wir singen und sind alle mit ganzem Herzen dabei. Ein Gottesdienst im Freien ist immer etwas ganz Besonderes.

Mich ergreift es jedes Mal sehr stark und es ist ein Glück einen Priester in unserer Gruppe zu haben. Johannes zelebriert ganz schlicht, echt und wahrhaftig. An ihm erleben wir, dass er sehr gern Priester ist und gern arbeitet. Er begleitet unsere Lieder mit der Gitarre und improvisiert auch ein schönes Musikstück.
Mir fällt auf, dass Matthias´ Augen noch schöner strahlen als sie es meistens tun. Man sieht ihm so richtig an, dass er sehr glücklich ist einen Bruder zu haben, der Priester ist. Johannes und Matthias sind nämlich Brüder. Matthias´ glückliche Augen berühren mich sehr.
Wir kennen uns schon einige Tage und sind schon so vertraut, dass es möglich ist, sehr persönliche Fürbitten laut auszusprechen. Paul bittet darum, dass unsere Jutta gesund werden möge. An dieser Stelle bin ich so gerührt, dass mir die Tränen kommen.
Über Jutta weiß ich nicht viel. Eigentlich sind es nur Andeutungen, dass ihr die Gesundheit große Probleme macht und sie auch sonst einige Lasten zu tragen hat. Aus gesundheitlichen Gründen ist sie strenge Vegetarierin. Trotzdem lacht sie meistens, heitert immer wieder andere auf und ist ein sehr liebenswerter Mensch.
In dieser Eucharistiefeier bemerke ich, dass Jutta und Inka nicht katholisch sind. Alle anderen empfangen die heilige Kommunion, aber die beiden segnet Johannes nur liebevoll. Mich beschäftigt es sehr, ob es den beiden etwas ausmacht, nicht am gemeinsamen Mahl teilzunehmen. Ich frage aber nicht. Inka und ich unterhalten uns auf dem Camino auch über Glaubensfragen. Inka ist so offen und sehr interessiert. Sie weiß sehr viel über das Christentum, aber auch über die anderen Weltreligionen wie Islam, Hinduismus und andere. Es macht richtig Freude mit ihr zu reden. Gerade sie empfindet ganz besonders, dass Glaube ein Geschenk und Gnade ist. Ihre Eltern glaubten nicht an Gott und konnten den Kindern den Glauben nicht weitergeben.

Inka fand selbst den Weg und wurde eine aktive evangelische Christin.

Bei der Messfeier in Triacastella spüre ich sehr deutlich den Wunsch, dass wir Christen die Konfessionen hoffentlich bald überwinden und wieder eins werden. Die Eucharistiefeier und unser gemeinsames Beten schlossen diesen Pilgertag wohltuend ab.

Morgenstimmung

Von Triacastela bis Sarria

An das zeitige Aufstehen und Losgehen im Dunkeln habe ich mich nun schon gewöhnt. Sonst bin ich ein richtiger Morgenmuffel und komme schwer aus meinem Bett. Oft brauche ich lange um wirklich ansprechbar zu sein. Auf dem Jakobsweg habe ich mit dem frühen Aufstehen keine Probleme, finde es sogar prima! Es ist, als ob man auf dem Camino das Leben und sich selbst von einer ganz anderen Seite kennen lernt. So, als ob die zweite Seite, die man auch hat und sonst nie lebt, plötzlich auch wichtig wird und sogar Freude macht.

Unserem kurzen und intensiven Morgengebet folgt der heutige Wegesatz:
NIEMALS WIRD DIE STRASSE DEM WANDERER SAGEN, WANN ER AUSRUHEN SOLL.
(aus Rhodesien)

Das ist wieder so ein Satz, der es so richtig in sich hat. Was ist eigentlich Ausruhen? Auf einem Pilgerweg ganz sicher das Hinsetzen und dem Körper die Ruhe geben, die er braucht. Oft ist ein Ausruhen nötig, damit die Seele dem davonstürmenden Körper überhaupt folgen kann. Die Füße laufen schnell, die Seele ist viel langsamer. (Fährt man mit dem Auto oder reist gar mit dem Flugzeug, dann braucht die Seele noch mehr Zeit, oder sie schafft es gar nicht nachzukommen). Heutzutage ruhen sich viele Menschen nicht mehr aus, sie rasen durch das Leben und irgendwann bleibt die Seele auf der Strecke zurück und der Körper wird überfordert, bis auch er dann einfach nicht mehr kann. Solche Gedanken kommen mir und stellen mir ein großes Ausrufezeichen vor mein inneres Auge.
Am Ortsausgang von Triacastela stehen wir morgens an einer Weggabelung. Im Dunkeln ist es nicht immer einfach die gelben Pfeile des Camino zu finden.

Heute sind an dieser Weggabelung nun zwei gelbe Pfeile. Einer zeigt nach links bergan, der andere nach rechts bergab. Wir stehen eine Weile verwundert und etwas unsicher da.
Wir wählen dann die zweite Variante. Es ist hier genau wie auch sonst ganz oft im Leben. Es gibt mehrere Wege die zum Ziel führen. Einer davon ist vielleicht sehr anstrengend und beschwerlich, dafür aber kürzer. Die Belohnung mit Erreichen des Ziels ist viel eher da. Der andere Weg ist zwar einfacher zu bewältigen, dauert aber wesentlich länger und erfordert unser Durchhaltevermögen. Er schult uns darin, nicht vorzeitig aufzugeben. Welche der beiden Möglichkeiten besser ist, ist überhaupt nicht zu sagen und vielleicht auch unwichtig.
Für einen Weg muss ich mich entscheiden und wenn ich das Ziel erreicht habe, sollte ich bedingungslos froh und zufrieden sein.
Wenn ich aber anfange abzuwägen, ob vielleicht der andere Weg schöner und besser gewesen wäre und was ich vielleicht alles verpasst habe, dann vermiese ich mir das Glücksgefühl und das gute Gefühl mit meiner eigenen Entscheidung im Einklang zu sein.
Unser Weg heute früh führt uns längere Zeit durch dicken Nebel und die Luft ist nass. An den Haaren hängen unzählige kleine Wassertropfen. Sehr lustig sieht das aus. Wir durchschreiten hohe Wälder, die uns dicht umschließen. Es ist, als liefe man in einem riesigen, stillen Märchenwald.
An anderen Tagen, wenn die Sonne recht plötzlich über den Bergen aufstieg, wurde es bald hell und warm. Hier auf dieser Strecke ist so dicker Nebel, dass es lange feucht, grau und kalt bleibt. Die Bäume in diesem Nebel haben etwas Mysteriöses an sich und man wird wie in einem Sog in diesen Märchenwald hineingezogen. Ein ganzes Stück laufe ich heute mit Stephan. Er hat so etwas ganz Bedächtiges an sich, obwohl er der Jüngste ist. Er braucht für manche Dinge viel mehr Zeit als andere. Auf dem Weg bleibt er oft plötzlich stehen, weil er etwas sieht, was keinem anderen jemals aufgefallen wäre.

Ein uraltes, zerfallenes Haus, dessen alter Eingang mit verschiedenen interessanten Pflanzen märchenhaft völlig zugewachsen ist. Sofort fällt mir das Märchen Dornröschen ein. Ein Stück weiter fasziniert Stephan ein riesiger, ganz hohler Baum, dessen Zweige trotzdem voll mit grünen Blättern belaubt sind. In diesem Baum könnten sich ganz sicher zwei bis drei Kinder verstecken. Er ist ein Naturkunstwerk. So etwas kann nur jemand wahrnehmen, der bedächtig ist und dieses ganz besondere Auge für außergewöhnliche Dinge hat. Es ist ein Glück, dass Stephan diese Gabe hat und solche Kostbarkeiten in Fotos festhält. Wir anderen lernen, dass Bedächtigkeit unser Leben bereichern kann.
Der Weg nach Sarria ist heute mein Krisentag. Mehrfach geraten mein Mann Willy und ich aneinander. Ganz viele Dinge aus unserer dreißigjährigen Ehe, die uns belasten, schießen aus tiefster Tiefe ans Tageslicht und ich glaube wir beide haben heute das Gefühl, uns überhaupt nicht zu verstehen.
Besonders der Satz von Willy bei einem Anstieg: »Warum läufst du heute wieder so langsam?« bringt mich derart aus der Fassung, dass ich mich völlig abgewertet und vernichtet fühle und heulen möchte. Ich laufe ja nicht absichtlich so langsam bergan, sondern ich kann nicht schneller, obwohl ich es gerne tun würde.
Eigentlich macht es mir auch gar nicht so viel aus bergan so mühsam zu gehen, bergab kann ich dafür mit Lust rennen. Außerdem bin ich glücklich, diesen Jakobsweg in meinem Alter überhaupt so gut zu schaffen.
Es wird mir recht deutlich bewusst, dass es auch sehr schwierig sein kann, als Ehepaar auf dem Camino unterwegs zu sein. Ich glaube, dass es aber für ein junges Paar wundervoll sein kann. Beide werden voneinander so viel erfahren, wie es sonst niemals möglich ist. Es wird eine gute Erfahrung für das ganze Leben sein. Auch wir haben unsere Probleme, die an diesen Tagen so schmerzlich und belastend hoch kamen, wieder in den Griff bekommen, und erleben den gemeinsamen Jakobs-

weg im Nachhinein für unsere Ehe als sehr segensreich. Einiges konnten wir auf dem Weg aufarbeiten, was sonst immer unter dem Teppich der Verdrängung verschwand.
Ich glaube, dass ein Paar mit ganz akuten Problemen und manifesten Trennungswünschen, nicht gemeinsam auf dem Camino gehen sollte. In diesem Fall sollte jeder für sich allein eine Wegstrecke gehen, um zu sich selbst zu finden und seine eigene verantwortungsvolle Entscheidung zu finden. Das ist mit Abstand besser möglich. Beim heilsamen Gehen in der Natur mit sich selbst ganz allein kann auch all das Gute in die Wagschale des Lebens gelegt und eine tragfähige Entscheidung getroffen werden, mit der man selbst gut weiterleben kann und sich aber auch der Verantwortung für den Partner bewusst wird.
In Sarria schon gegen zwölf Uhr angekommen, nehmen wir auf der Bordsteinkante einer Gasse, gegenüber dem noch geschlossenen Refugium, ziemlich erschöpft Platz. Mehrmals müssen wir aufstehen und Autos Platz machen, die durch die enge Gasse fahren.
Die Rucksackschlange ist schon wieder ziemlich lang und es ist abzusehen, dass nicht alle ein Bett oder eine Matratze erhalten werden. So gehen Johannes und noch zwei aus unserer Gruppe los und suchen eine andere ausgeschriebene private Herberge. Schon nach wenigen Minuten kommen die drei freudig zurück. Sie haben eine nette private Herberge entdeckt wo die Übernachtung auch wieder nur sieben Euro kostet. Jeder von uns bekommt einen Platz in einem Doppelstockbett, verteilt in drei Räumen.
Sarria ist keine schöne Stadt und sie passt so richtig in meine derzeit unglückliche Stimmung. In der Freizeit stapfen mein Mann und ich getrennt, unglücklich und unverstanden vom anderen durch den Ort und als wir uns treffen und nochmals alles eskaliert und gegenseitige Vorwürfe abgeschossen werden, laufe ich heulend durch Sarria.

Unsere Pilgergruppe merkt nichts und da eine sengende Hitze über der Stadt lastet sind auch keine Einheimischen auf der Straße, die sich über mich wundern könnten.
Ruhe finde ich erst wieder in der Kirche. Dort sitze ich unter einer überlebensgroßen, typisch spanischen Plastik: »Jesus trägt sein Kreuz«.
Ich schreibe alle meine Gefühle, und alles was mich bewegt in mein kleines Tagebuch. Dabei entwirrt und ordnet sich vieles. Mein Ärger und meine Enttäuschung werden kleiner und erträglicher und ich beginne, meinen eigenen Anteil an der ganzen Unstimmigkeit zu bedenken.
Eigentlich wollen wir uns doch beide nicht verletzen und wehtun, aber oft erwartet jeder vom anderen eben genau das, was der andere nicht in der Lage ist zu geben. Und das ändert sich leider auch nach über 30 Jahren Ehe nicht. Letztlich muss immer wieder jeder Mensch sein eigenes Kreuz ganz allein tragen. Das verdeutlicht mir die spanische Christusfigur unter der ich sitze sehr eindrucksvoll. Einen Rucksack kann ein ganzes Stück ein anderer Mensch für uns tragen, wenn wir es selbst wollen und dankbar annehmen. Unser Kreuz aber, das aus unseren Fehlern, Unvollkommenheiten, Selbstzweifeln, zu geringem Selbstwertgefühl und all den Dingen, die wir in der Vergangenheit falsch gemacht haben und die nun nicht mehr zu ändern sind – kurz: unsere Schuld, all das müssen wir selbst tragen. Das kann uns niemand abnehmen. Oft hat die so schmerzliche Unzufriedenheit mit dem Partner ihre eigentliche Ursache darin, dass wir mit uns selbst unzufrieden sind.
Mir fällt ein: Je mehr ich bereit bin mir selbst zu vergeben, um so eher kann ich auch dem anderen vergeben. Anders ausgedrückt: Je mehr ich mich selbst so annehme wie ich bin, um so mehr kann ich den anderen annehmen und ihn bedingungslos lieben.
Solche tiefgründigen Gedanken gehen mir durch Sinn und Herz, während mich die Kühle der Kirche umfängt.

Es ist angenehm einfach nur hier zu sein und unter Jesus mit dem Kreuz auf der Schulter zu sitzen. So komme ich innerlich immer mehr zur Ruhe. Langsam wird das viele Gute und Schöne unserer Ehe auch wieder sicht- und wahrnehmbar.
Es überwiegt bei weitem das eben Geschilderte und Erlebte. Jedes Paar hat auch Probleme, Streit und schlimme gegenseitige Verletzungen in einer langen Partnerschaft erfahren und hat Narben, die immer schmerzen. Wer das leugnet ist nicht ehrlich, vor allem zu sich selbst. Oder das Paar hat nie wirklich miteinander gelebt. Ich darf sagen, dass aber das Zufrieden- und Glücklichsein der weit größere Teil in meiner Wagschale bleibt. Ich liebe meinen Mann sehr und bin dankbar für diesen viel größeren Teil unseres Lebens. Ich hoffe und glaube, dass auch mein Willy so empfindet.
Solche Gedanken und Gefühle kommen mir in der Ruhe der Kirche in Sarria und auch lange Zeit später, als ich mein Erlebtes niederschreibe.
Mehrere Mitglieder unserer Gruppe sind in der gleichen Zeit mit dem Taxi nach Samos gefahren. Sie bewundern dort die königliche Abtei des heiligen Julian und die Basiliska von Samos. Das riesige Kloster geht bis zu den Westgoten zurück. Der heutige Klosterbau besteht aus Bauten des 12. bis 19. Jahrhunderts. Bewundern kann man einen riesigen Kreuzgang aus Zeiten der Gotik, Renaissance und der Romanik.
Begeistert erzählen die Rückkehrer davon und ich merke, dass es meine eigene Schuld ist, diese Sehenswürdigkeiten verpasst zu haben.
Am Abend dieses Tages essen wir alle zusammen ein wundervolles Pilgermenü. Danach zelebriert der Wirt für uns ganz stolz etwas typisch Galicisches. In einem alkoholischen Getränk mit Früchten wird der freie Schnaps verbrannt.
Während die Flamme über der Schale lustig brennt, singen wir Lieder und haben viel Spaß. Die alkoholischen Früchte und das Getränk schmecken hervorragend und erinnern an »Die Feuerzangenbowle«.

Als wir das Lokal verlassen gesellt sich eine Frau zu uns, die durch Johannes´ Gitarre angelockt wurde. Es ist eine mexikanische Musiklehrerin. Sie spielt uns mit echt mexikanischem Temperament Stücke auf der Gitarre und singt dazu. Wir singen noch lange in einem kleinen Park und wechseln deutsche und mexikanische Lieder ab. Immer mehr Pilger kommen hinzu und es bewahrheitet sich: »Wo man singt, da lass dich ruhig nieder«. Es ist ein wunderschöner Abend und unser Schlusskanon: »Herr bleibe bei uns, denn es will Abend werden« berührt besonders unsere Mexikanerin tief.

Von Sarria nach Portomarin

Um halb sechs stehen wir am nächsten Morgen zum kurzen Morgengebet vor unserer Herberge. Ich fühle mich wieder vollkommen erholt. Es geht mir sehr gut. Alles was sich gestern so riesenhaft und problematisch auftürmte ist heute früh unwichtig. Es ist wie ein neuer Anfang für den ich dankbar bin. Das ist auch eine Erfahrung, die ich hier auf dem Camino sehr intensiv erleben darf: Ein neuer Tag ist ein Neubeginn.

Unser Wegesatz lautet:
GLÜCKLICH MACHEN IST DAS HÖCHSTE GLÜCK.
ABER AUCH DANKBAR EMPFANGEN IST EIN GLÜCK.
(Theodor Fontane)

Heute liegen 23,5 Kilometer vor uns. Lange Zeit gehen wir in völliger Dunkelheit bergan. Wir steigen in dicke Wolken hinein, alles ringsum ist nass. Es wird lange nicht heller. Es bleibt alles über eine große Wegstrecke in geheimnisvolles Weißgrau eingehüllt. Nass ist man von innen her durch das Schwitzen und nun auch von außen. Als es dann doch heller wird, sieht man am Wegesrand unzählige Spinnennetze.

Zwischen hohen Farnkräutern sind sie wunderschön anzusehen. Tausende winzige Wassertropfen hängen wie Perlen an den Spinnfäden, und verändert man ein wenig den Blickwinkel, verändert sich das perlenbesetzte Netz und glitzert zauberhaft.
Gegen acht Uhr haben wir schon eine gute Tageswegstrekke geschafft und wir machen auf einer Wiese halt. Noch immer sind wir in eine nasse Wolke eingehüllt und es ist nicht so recht gemütlich fürs Frühstück. Aber wir haben Hunger. Wir rollen die Isomatten aus.
Ich lege mich etwas abseits einige Minuten hin, während die Männer die Brote aufschneiden und erlebe etwas ganz Seltsames. Ich schließe meine Augen und habe plötzlich das Gefühl, als ginge wundervoll die Sonne auf. Es wird golden hell und ich sehe, wie in einem Film, wundervolle Bäume vor mir. Es ist, als schaue ich einen Bildband an. Ein Baum ist schöner als der andere, eingebettet in eine strahlende Helle. Dabei höre ich wie von weitem die anderen reden und das Frühstück vorbereiten. Ich weiß also genau wo ich bin und sehe gleichzeitig diese wunderschönen Bilder, die mich ganz erstaunt und glücklich machen. Es ist ein Gefühl, als könne ich zwei verschiedene Zustände gleichzeitig erleben und dabei glücklich sein. Ich öffne die Augen in der Erwartung, die Sonne sei inzwischen aufgegangen. Aber es ist fast noch grauer als zuvor. Ich kann mir diese Wahrnehmung nicht erklären. Aber es ist eine schöne Erfahrung und jetzt beim Aufschreiben, lange Zeit später, ist es, als hätte ich das soeben erlebt und es macht mich erneut froh. Es ist etwas Bleibendes. Ich kann jederzeit zu diesem Ort zurückkehren und erlebe ein Stück Glück, ein Verwandeltwerden für Momente, aus denen starke Kraft strömt.
Nach dem Frühstück sprechen mich beim Beten der Laudes aus der Kurzlesung folgende Sätze besonders an:

> Über eure Lippen komme kein böses Wort
> sondern nur ein gutes, das den,
> der es braucht stärkt und dem,

der es hört Nutzen bringt.
Seid gütig zueinander, seid barmherzig,
vergebt einander, weil auch Gott euch
durch Christus vergeben hat.

Diese Lesung, bei der ich an diesem Morgen vorlesen durfte, berührt mein Herz und ist wie ein Abschluss unter den gestrigen, so aufgewühlten Tag.

Es ist genau so passend wie der heutige Wegesatz:
GLÜCKLICH MACHEN, GEGENSEITIG,
IST DAS HÖCHSTE GLÜCK.

Nach etwa einer halben Stunde des Weitergehens wird es doch schnell heller und die Sonne schafft es, alle Nässe, Kälte und Grauheit dieses so seltsamen Morgens hinwegzuzaubern. Es ist der Beginn eines neuen warmen Sonnentages. Freudig und dankbar registriere ich, dass mein auf dem Wege vorausgeeilter Mann mehrmals auf mich wartet und mir Brombeeren schenkt. Das ist wie ein Neuanfang für uns und was gestern so massiv zwischen uns stand und störte, ist heute vergeben. Es wird ein glücklicher und segensreicher Tag.
Lange spreche ich heute mit Jette. Sie ist unser Sonnenschein in der Gruppe und dazu noch eine wundervolle Krankenschwester.
Sie versteht es, wunde Füße schnell zum Heilen zu bringen. Klaus genießt das mehrfach und nimmt es dankbar an.
Jette hat uns als Ehepaar beobachtet und von unserer gestrigen Krise wenig mitbekommen. Es erleichtert mich, dass auch die Gruppe nichts davon mitbekam und belastet wurde. Es ist gut von Jette zu hören: »Ihr geht so gut miteinander um«. Jette ist eine liebenswerte Frau, die mit ihrer äußerlichen Fröhlichkeit die Gruppe reich beschenkt. Dabei wissen die wenigsten von ihren traurigen Problemen daheim, vor denen sie regelrecht auf den Jakobsweg geflohen ist. Das Gehen auf dem Camino und ihre Liebe und Hilfe in der

Gruppe hilft auch ihr selbst, dass es überhaupt weitergeht. Der Jakobsweg schenkt ihr Kraft, ihre Lebenssituation aushalten zu können und ihren persönlichen Lebensweg weitergehen zu können. Jeder Lebensweg ist ein persönlicher Pilgerweg. Am zeitigen Mittag wird es wieder sehr heiß. Die letzten fünf Kilometer der heutigen Tagesstrecke ziehen sich wie an allen Tagen endlos hin. Entkräftet erreichen wir den interessanten Ort Portomarin über eine große neue Betonbrücke, die über einen Stausee führt.

Das mittelalterliche Portomarin ist im Stausee eines großen Kraftwerkes versunken, der 1962 künstlich angestaut wurde. Nur die romanische Kirche San Pedro, ein palastähnliches altes galicisches Adelshaus, und die romanische Wehrkirche San Juan, wurden Stein für Stein abgetragen und oben auf dem Berge wieder aufgebaut, genau wie der gesamte Ort dort wieder neu erbaut wurde. Die alte romanische Brücke, die bis 1962 den Fluss Mino überquerte, steht jetzt als Rest ohne Fluss recht eigenartig als Aufgang zum Ort hinter der großen Betonbrücke wundersam allein da.

Diese Ortsgeschichte erzählt uns eine Studentin, die in der Kirche Aufsicht hat. Ihre Erzählung ist der Dank dafür, dass wir ihr unsere gefundenen Pilze schenken. Leider können wir die Pilze heute nicht selber braten. Die Küche in der Herberge ist unbenutzbar.

Die Studentin erzählt uns fast eine Stunde lang ganz begeistert und eifrig in englischer Sprache diese Ortsgeschichte. Wir freuen uns, dass wir das Wesentliche verstehen können. In der Kirche sieht man noch die Nummerierung vieler Steine, damit beim Umsetzen auch alles klappte.

Neben der großen Pilgerherberge ist ein Park und auf den Wiesen lagern am Nachmittag und Abend viele Pilgergruppen. Auch wir essen dort Abendbrot und feiern unsere Gruppenandacht. Unsere mexikanische Freundin vom Vorabend findet sich wieder mit ein, und wir singen noch mal lange gemeinsam.

Pilgergruppen am Abend in Portomarin

Uns wird bewusst, dass wir schon die halbe Wegestrecke nach Santiago geschafft haben. Neben der Dankbarkeit kommt auch Wehmut auf, dem Ziel schon so nahe zu sein. Es ist so wundervoll auf dem Camino, eigentlich soll er noch lange dauern und nicht zu schnell enden.

Der Weg von Portomarin nach Palas de Rei

Obwohl der Schlafsaal in Portomarin sehr groß und mit schätzungsweise 80 Menschen überfüllt war, habe ich gut geschlafen. Ich fühle mich erholt und frisch.
Wir danken gemeinsam für die behütete Nacht und nehmen neben der Wehrkirche Abschied.

Unser heutiger Wegesatz lautet:
WO BEFREUNDETE WEGE ZUSAMMENLAUFEN,
DA SIEHT DIE GANZE WELT FÜR EINE STUNDE
WIE HEIMAT AUS.
(H. Hesse)

Nachdem wir Portomarin verlassen haben führt der Weg in einen dichten Wald. An diesem Morgen empfinde ich die Dunkelheit als besonders schwarz und dunkel. Sehen kann ich trotz der kleinen Taschenlampe so gut wie nichts. Morgens im Dunkeln laufen wir nicht weit auseinander. So kann man gut mittels des Hörens gehen und sich gegebenenfalls sofort helfen.
Ganz vorn läuft meist Willy, weil er auch im Dunkeln recht gut sehen kann.
Dieser Morgen ist so schwarz, und mir wird bewusst, dass ich mich blind dem Camino anvertraue. Angst habe ich auf dem Pilgerweg aber nie gehabt. Ich weiß, dass im Mittelalter Pilger oft überfallen und ausgeraubt wurden. So etwas gibt es heute nicht mehr.
Ich frage mich an diesem Morgen, ob ich in völliger Dunkelheit frühzeitig auch in Deutschland durch einen Wald laufen möchte. Ich weiß es nicht, ich glaube es nicht tun zu wollen. Es ist ganz ruhig und die Dunkelheit und Ruhe umschließen mich an diesem Morgen wie ein wohltuender dicker Wollmantel im Winter. Auch an diesem Morgen erlebe ich wieder etwas sehr Seltsames und Schönes, was verstandesmäßig unerklärbar bleibt. Beim Gehen im Dunkeln habe ich ständig das Gefühl nicht allein zu sein. Direkt rechts hinter mir geht immer jemand mit mir. Ich spüre es ganz genau.
Dieses Gefühl ist sehr intensiv und bleibt über längere Zeit. Anfangs verunsichert mich das, zunehmend aber empfinde ich es als beruhigend. Mir kommt plötzlich der Gedanke, dass ich meinen Schutzengel wahrnehme. Es ist sonst niemand aus der Gruppe in meiner unmittelbaren Nähe. Mir fallen wieder Geschichten ein, die meine Großmutter in meiner Kindheit von Schutzengeln erzählte und an die ich als erwachsener Mensch nie mehr dachte. Denken Erwachsene daran, dass jeder Mensch einen Schutzengel haben soll?
Das Erleben dieses Morgens, behütet zu sein, macht mich innerlich ganz gelassen, ruhig und glücklich.

Ich summe ganz leise wie von selbst das schöne Lied »Von guten Mächten wunderbar geborgen« vor mir her. Dabei merke ich beim Gehen plötzlich, schon längere Zeit auf einer Mauer an einem Abhang, der rechts in eine ziemliche Tiefe geht, zu laufen. Von der Mauer hätte ich leicht herunterstürzen können. Aber ich war nicht allein!
Als der Weg durch den ganz allmählich grau werdenden Morgen an diesem Tage sichtbar wird, bin ich durch dieses Erleben reich beschenkt, und ich kann es nicht vergessen. Jetzt, viel später, fühle ich alles wieder, als hätte ich es soeben erlebt.

Noch 136 km bis Santiago de Compostela

25,5 Kilometer ist heute unsere Tagesstrecke lang. Wir kommen durch mehrere kleine Orte und mich beeindrucken wieder die Friedhöfe sehr. Auch hier in Galicien werden die Toten nicht eingegraben sondern in schrankähnlichen Fächern über der Erde eingemauert. Oft sind drei bis fünf Fächer in steinernen Schränken übereinander gelegen.
Unser Weg führt uns heute wieder an herrlichen Wiesen vorbei, die unseren Augen und Herzen gut tun. Wie die goldene Sonne, strahlt gelber Ginster und ist viel höher gewachsen als zu Hause in Deutschland.

Herrlich blühende, 1,50 Meter hohe Disteln und blühendes Heidekraut leuchten in intensivem Violett und das Laufen in dieser Natur ist einfach wunderbar. Palas de Rei ist ein kleiner Ort und die Pilgerherberge ist auch nicht groß. Als wir ankommen, sind alle Betten schon vergeben. Wir werden gebeten an der Kirche zu warten, wo gegen 15 Uhr jemand käme, der uns ein anderes Quartier zuweisen würde. Als gegen 16 Uhr immer noch niemand kommt, geht Johannes noch einmal in die Pilgerherberge.
Er schafft es, dass unsere Gruppe doch bleiben darf. In einem großen Aufenthaltsraum rollen wir auf dem Steinboden unsere Isomatten aus und freuen uns über dieses Nachtlager in dem großen Raum mit viel Platz. In den meisten Pilgerherbergen gibt es nur kaltes Duschwasser. Als Entschädigung für das Schlafen auf dem Steinfußboden können wir hier dafür warm duschen und sind sehr zufrieden.
Am Abend feiern wir auf den Stufen der Kirche im Freien, umgeben von duftenden, blühenden Bäumen wieder Gottesdienst mit Johannes. Wohl nirgends bin ich so mit dem Herzen dabei, wie unter freiem Himmel in Gottes Schöpfung.
Nach dem Gottesdienst bekommen wir als Pilger für nur sieben Euro in einem Restaurant ein wundervolles viergängiges Menü. Wir dürfen bei Vorspeise, Hauptgericht und Nachspeise jeweils zwischen drei Angeboten auswählen und der dazugehörige spanische Rotwein schmeckt sogar mir köstlich. »Dabei bin ich überhaupt kein Weinkenner und trinke immer nur sehr wenig.

Sonntagsweg von Palas de Rei nach Ribadiso

Mit 26,5 Kilometern wollen wir heute unsere zweitlängste Etappe bewältigen. Morgens in angenehmer Kühle kommen wir wieder gut und schnell voran. In den Dörfern, durch die wir laufen, herrscht sonntägliche Ruhe.

Nur ab und zu trotten einige Rinder sehr gemächlich auf ihre Weide und wir machen ihnen gerne Platz.
Immer wieder interessant anzuschauen sind die galicischen Mais- und Getreidespeicher. In manchen Orten sind sie aus Holz oder einfachen Ziegeln. Ab und zu sieht man sogar welche aus Granit. Es sind kleine Häuser mit Satteldächern. Sie stehen etwa zwei Meter über dem Erdboden auf vier Säulen und zwischen Haus und Säulen ist eine überstehende große Platte. Keine Maus schafft es um die Ecke herauf in das Haus zu kommen.
So sind die Vorräte bestens geschützt, und da durch die Ritzen Luft dringen kann, können die Vorräte auch wegen Nässe nicht verderben.
Noch recht früh erreichen wir eine etwas größere Stadt namens Midina und finden schnell einen schon geöffneten Lebensmittelladen. Wir kaufen Brot, Wurst, Käse und was sonst noch zum Frühstück fehlt, auch Früchte.
Im Zentrum der Stadt geraten wir in ein lautes, geschäftiges buntes Treiben. Es ist Markttag! Ich vermute, dass vor allem Bauern aus der Umgebung am Sonntag zum Markt in die Stadt kommen. Wochentags arbeiten sie in der Landwirtschaft. Dieses lärmende Treiben erinnert uns an das geschäftige Leben, was wir auch von zu Hause täglich kennen.
Hier zwischen den Marktständen mit den vielen Waren fühlen wir Pilger uns als Gegensatz. Zum Kaufen verführt, wie zu Hause im bunten Geschäftstreiben, uns hier niemand. Wir müssten ja Gekauftes zusätzlich tragen und der Rucksack würde noch schwerer.
Die Erfahrung auf dem Camino, dass man nur wenig zum Glücklichsein braucht ist sehr wohltuend. Auch um dieser Erfahrung willen wäre es wert, einmal ein Stück Jakobsweg zu pilgern.
Gleich neben dem Marktgetümmel steht eine größere Kirche. Nach dem Gegensatzerlebnis von Marktleben und Pilgern gehen wir gern hinein.

Wir beten die sonntägliche Laudes und die Sätze aus dem Psalm 150 passen gut in diese Kirche:

Alles was atmet, lobe den Herrn.
Lobt Gott in seinem Heiligtum,
lobt ihn in seiner heiligen Feste.

Große weiße Lilien auf dem Hauptaltar und allen Seitenaltären verbreiten dazu einen betörenden Duft.

Der Küster lässt uns ganz stolz in einen sonst verschlossenen Seitenteil der Kirche und in die Sakristei und wir dürfen sehr eindrucksvolle alte und wertvolle Holzfiguren bewundern. Es sind Christus- und Marienfiguren mit echten Haaren und prächtigen Gewändern.

Nach Verlassen der Kirche streben wir schnell aus der Stadt heraus und finden auf einer Erhebung einen guten Mittagspicknickplatz. Gleich daneben ist ein galicischer Friedhof. Vor einem der vielen Grabfächerhäusern sitzt eine alte Frau. Sie ist ganz in schwarz gekleidet und neben ihr sind viele frische Blumen. Heute am Sonntag besucht sie sicher ihren verstorbenen Mann und hält Zwiesprache mit ihm.

Die knapp 27 Kilometer ziehen sich wieder endlos dahin. Es geht ständig bergauf und bergab und alle 500 Meter steht jetzt am Wegesrand eine Granitsäule mit der Jakobsmuschel und der Kilometerangabe, wie weit es noch bis Santiago zu laufen ist. Ausgelöst wird dadurch Freude und Wehmut zugleich, dass Santiago stetig näher kommt.

Heute durchlaufen wir mehrmals große Eukalyptuswälder. Ich weiß, dass diese Bäume hier angebaut werden obwohl hier nicht ihre Heimat ist. Sie wachsen sehr schnell, werden riesengroß und haben silbergraue Laubkronen. Sie ersticken mit ihrer Größe alle anderen Gewächse.

Es ist fraglich, ob der massenhafte Anbau dieser Bäume nach dem Abholzen der heimischen Bäume wirklich gut ist. Der starke Geruch in den Wäldern macht das Atmen leichter und die Kühle unter den Bäumen ist für uns Pilger wohltuend.

Ein leichter Wind erzeugt mit den harten länglichen Blättern ein geheimnisvolles Rascheln.
Mein Lauftempo wird immer langsamer. Willy hat zweimal auf mich gewartet und ich fordere ihn dann auf, in seinem schnellen Tempo bis zur Herberge durchzulaufen. Ich gebe

Ruhepause mitten auf dem Wege

meinen Pilgerausweis mit, und hoffe, dass er mir schon ein Bett reservieren kann.
Die Bettenvergabe ist an sich immer nur mit persönlicher Anmeldung möglich.
Ausgerechnet heute verlaufe ich mich auch noch kurz. Eine Dorffrau macht mir aber Zeichen und so finde ich bald wieder den markierten Weg.

Die Menschen in den Orten sind immer sehr freundlich zu uns Pilgern. Oft erleben wir, dass uns Einheimische ganz freundlich den Weg zeigen und gern ein paar Worte oder freundliche Blicke mit uns wechseln.
Ich habe nur noch etwa fünf Kilometer vor mir, aber heute bin ich körperlich fast am Ende. Ich setze mechanisch einen Fuß vor den anderen, gehe und gehe ohne kaum noch etwas zu denken und empfinden und nehme die Schönheit der Natur nur noch am Rande wahr. Ich will einfach nur noch ankommen. Wieder einmal geht es ein Hügelchen bergan und hinter einer Biegung sitzen neben einem Fluss auf einer grünen Wiese Inka und Ingo gemütlich auf ihren Isomatten.
Sie laden mich ein auszuruhen. Aber ich fühle, wenn ich jetzt mein gleichmäßiges Schritt vor Schritt setzen unterbreche, kann ich nicht mehr aufstehen und zum Tagesziel kommen. So widerstehe ich der Versuchung und gehe in meinem langsamen Tempo weiter. Wie die beiden später erzählten war für sie das Ausruhen auf der Wiese und ihre Unterhaltung dabei genau das Richtige, um auch die letzten Kilometer dieses Tages schaffen zu können.
Die beiden empfanden, dass ihre Seelen nach dem langen Fußmarsch zurückgeblieben waren und erst nachkommen mussten. Jeder Pilger muss täglich immer wieder neu den eigenen schaffbaren Gehrhythmus finden.
Mir wiederum gab das Wissen, nicht die Letzte zu sein, einen großen Anschub und verhinderte das Schlappmachen. Es waren dann auch keine 30 Minuten mehr bis ich die Herberge in Ribadiso erreichte.
Wie ein Wunder erlebte ich, dass ich mich heute nicht erst den Formalitäten der Anmeldung im Büro unterziehen musste. Das hatte Willy erledigt, ausnahmsweise, wie betont wurde. Ich legte meinen Rucksack auf das oberste Stockbett, stieg aus den Wanderschuhen und legte mich hin.
Ich schlief auf der Stelle ein. Das war mir bisher noch nie passiert.

Ich muss etwa ein bis zwei Stunden tief und fest geschlafen haben und fühlte mich dann nach dem ausgiebigen Duschen wieder sehr erholt und wohl. Ich konnte die schöne Herberge genießen. Sie liegt an einem flachen Fluss. Viele Pilger saßen im Fluss und genossen das am Körper vorbeilaufende saubere Wasser.
Die Herberge hier besteht aus mehreren neu restaurierten alten Gebäuden. In diesen Häusern ist es urgemütlich.
Zwischen den Gebäuden ist viel Platz auf grünen Wiesen. Es gibt mehrere neue Wasch- und Duschräume und mal kein Gedrängel um einen Platz. Im Zentrum der Anlage steht ein Getreidespeicher. Er ist mit frischer blauer Farbe angestrichen und hat ein leuchtend rotes Ziegeldach.
Er ist ein richtig museales Prachtstück. Auch eine Küche ist in der Herberge vorhanden, leider aber keine Töpfe. Da Johannes zwar gut spanisch spricht aber recht schüchtern ist, nimmt er sich die stets strahlende Jette mit, um im nahen Dorf um Töpfe zu bitten. Froh kommen die beiden wenig später mit Töpfen zurück. Schon am ersten Haus des Dorfes, an dem sie klopften und um Töpfe baten, bekamen sie diese sofort geliehen. So kochen wir Nudeln mit Schinken und Käse, und allen schmeckt es großartig.
Nach einer Abendandacht auf einer der großen grünen Wiesen etwas abseits ist die Krönung unseres Abends ein strahlender wundervoller Sonnenuntergang, bei dem sich gelb, gold und rot in den verschiedensten Intensitäten abwechseln und ein dankbares Glücksgefühl entstehen lassen.

Der Wegesatz:
WER IN DAS GEHEIMNIS
GOTTES EINTAUCHT, TAUCHT NEBEN
DEM MENSCHEN WIEDER AUF.
hat über diesem ganzen Pilgertag gestanden.

Von Ribadiso nach Pedrouzo

Vor neun Tagen sind wir zu Hause aufgebrochen und seit sieben Tagen laufen wir täglich 20 bis 30 Kilometer. Jeder Tag davon ist etwas ganz Besonderes und heute dürfen wir sogar Geburtstag feiern. Unser lieber Pilgerbruder Johannes voll-

Noch 40,5 km bis Santiago de Compostela

endet heute 45 Lebensjahre. Nach dem Morgengebet überraschen wir ihn anstelle eines Wegesatzes mit dem Kanon: VIEL GLÜCK UND VIEL SEGEN AUF ALL DEINEN WEGEN… und begrüßen ihn und diesen wunderschönen Tag. Vor vier Tagen hatten Raphael und ich im Auftrag der Gruppe in Triacastela ein T-Shirt gekauft.

Es ist dunkelblau und hat auf der Vorderseite einen großen gelben Pfeil, so wie uns überall auf unserem Wege gelbe Pfeile den Weg weisen.
Dieses T-Shirt soll Johannes auch zu Hause an Spanien und den Camino erinnern. Ebenfalls seit Triacastela trägt Raphael in seinem Rucksack einen typisch galicischen Kuchen.
Als wir gegen neun Uhr in einer netten kleinen Bar unseren Milchkaffee trinken, überraschen wir Johannes mit den Geschenken. Es ist schön Johannes´ Gesicht zu erleben.
Er freut sich wie ein kleiner Bub, strahlt übers ganze Gesicht und zieht das neue T-Shirt gleich an. Von dem Geburtstagskuchen bekommt jeder ein Stück und so wird dieser achte Pilgertag ein neuer Höhepunkt in sich.
Ich hatte an diesem Morgen schon ein wundersames Erlebnis gehabt. Beim Losgehen im Stockdunkeln hatte ich noch im Herbergsgelände eine steinerne Freitreppe übersehen und war ziemlich hart auf der Treppe gestürzt. Ausgerechnet an diesem Morgen hatte ich, entgegen meiner Gewohnheit der bisherigen Tage, die große Leichtmetallwasserflasche in der Hand und noch nicht am Rucksack befestigt. Dadurch schlug zuerst die Flasche auf die Steinstufen und fing den harten Aufprall völlig ab. Vielleicht hätte ich mir sonst das Handgelenk gebrochen. So aber bekam nur die Wasserflasche zwei hässliche große Dellen und mir passierte nichts.
Für mich ist das bis heute eines der vielen kleinen Wunder, die ich auf dem Jakobsweg erleben durfte. Die Dellen der Wasserflasche erinnern immer daran.
Den kleinen Ort Pedrouzo haben wir heute schon am Mittag erreicht. Die Herberge ist noch geschlossen und bei unserer Ankunft begrüßt uns eine lange Rucksackschlange. Wir zählen die Rucksäcke und laut der Pilgerführer sind in der Herberge so viele Betten, dass wir trotz der langen Schlange noch eine Chance auf ein Bett haben. Wir verlängern die Schlange um zwölf Rucksäcke und als die Herberge öffnet erfüllt sich unsere Hoffnung. Jeder erhält ein Bett.

Auch diese Herberge ist ein großer geräumiger Neubau, noch im Aufbau begriffen. Die Herberge wurde in einen Hang eingebettet und an der Rückseite gibt es sogar Pferdeställe. Ein Pferd steht im Stall und genießt es, von Johannes gestreichelt zu werden. Auf dem Jakobsweg in Spanien sind immer einige Pilger mit einem Pferd unterwegs. Auch wir trafen Reiterpilger. Es ist allerdings selten geworden und die meisten Pilger gehen zu Fuß oder fahren mit dem Fahrrad nach Santiago de Compostela.
Zur Pedrouzer Herberge gehört ein großes Gelände mit einer schönen Wiese. Auf dieser halten wir unser Mittagsmahl und haben sogar einen Gast. Ein kleiner Hund weicht nicht mehr

Warten vor der Herberge

von unserer Seite. Auch am Abend begleitet er uns und wartet geduldig draußen vor der Kirche auf uns, während wir in der Ortskirche Gottesdienst feiern dürfen.
In dieser Kirche gibt es neben einer schönen Jakobusfigur noch etwas Ungewohntes zu sehen. Im Abstand von weniger als fünf Meter Entfernung befinden sich zwei Kanzeln.

Außer in Simultankirchen habe ich in Deutschland noch nie zwei Kanzeln in einer Kirche gesehen. Bis heute habe ich keine Erklärung oder Deutung bekommen, warum das in dieser Kirche in Pedrouzu so ist. Ein Jahr später auf meiner Wegstrecke des Camino von St. Jean Pid de Port bis Santa Domingo sollte ich das auch in anderen Kirchen erleben.
Ich befragte mehrere Priester und keiner konnte mir erklären wozu zwei Kanzeln in Spanien nötig sind.
Als wir in Pedrouzo nach dem Abendgottesdienst die Kirche verlassen, wird uns wieder das Schauspiel eines wundervollen Sonnenunterganges geschenkt. Rot glühend wie ein Feuerball hat sich die Sonne in kurzer Zeit hinter einem Berghügel versteckt. Die Gewissheit, dass morgen früh die Sonne wieder ihre Strahlen zu uns senden wird, ist wundervoll.

Von Pedrouzo auf den Monte do Gozo, den »Berg der Freude«

Unser letzter richtiger Pilgertag ist angebrochen. Es sind aber nur noch 16 Kilometer bis zum Berg der Freude und von dort aus nur noch fünf Kilometer bis Santiago de Compostela.
Neben der Freude bald am Ziel zu sein, kommt zunehmend Wehmut auf. Das Pilgern in so einer wohltuenden Gemeinschaft und das Entstehen fester Freundschaften, in der sich einer bedingungslos auf den anderen verlassen kann, ist ein solches Erlebnis, dass wir alle den Wunsch haben, es sollte noch lange so weiter gehen.
Das herrliche Sommerwetter und das schöne Nordspanien geben den Rahmen, dass es für uns ein Paradieserlebnis wurde.

Unser Tagessatz beim Losgehen in Pedrouzo heißt heute:
WOHIN UNS GOTT FÜHRT WISSEN WIR NICHT.
WIR WISSEN NUR, DASS ER UNS FÜHRT.

Dieser Satz am Morgen des letzten typischen Pilgertages ist beruhigend und tut mir sehr wohl. Wir Menschen planen oft unser ganzes Leben sehr genau und auf einen längeren Zeitraum voraus. Das fängt oft schon bei der Geburt eines Babys an. Eltern planen den Lebensweg dieses Kindes, suchen schon die beste Schule heraus, schließen Ausbildungsversicherungen und alle möglichen anderen Sicherheitsverträge ab und vergessen ganz oft, dass das meiste gar nicht nötig ist. Natürlich dürfen wir Menschen nicht alles dem Selbstlauf überlassen. Aber die Gewissheit, dass Gott uns alle führt und dass er uns auch auf den Umwegen und schmerzhaften Erfahrungen nicht verlässt, dieser Gewissheit dürfen wir uns sicher sein. Je älter wir werden, desto mehr prägt uns die erlebte Erfahrung. Schlimme Zeiten wechseln sich mit glücklichen guten Zeiten ab und so wird unser menschliches Leben erträglich, reich und schön. An diesem Morgen ist die Landschaft noch einmal längere Zeit im dicken Nebel eingehüllt.
Beim Gehen entlang der Straße tauchen die Scheinwerfer der uns entgegenkommenden Autos alles in ein gespensterhaftes Licht. Aber wenige Stunden später ist es wieder sehr heiß und die Sonne saugt alle Nässe fort.
Wir durchlaufen nochmals Eukalyptuswälder und ziehen den intensiven Duft tief in unsere Lungen ein. Bald schon müssen wir ein mit Stacheldraht umzäuntes Gelände umlaufen. Es ist groß und entpuppt sich als Flugplatzgelände einer größeren Stadt. Für uns ist es die Gewissheit, dass wir Santiago nun schon ganz nah sind, denn einen Flugplatz gibt es nur dort.
Gegen Mittag erreichen wir den Berg der Freude. Schon von weitem fängt ein recht großes Monument unsere Blicke ein. Dann erkennen wir übermannsgroße Skulpturen des Papstes. Schön finde ich dieses Monument nicht, viel zu groß und wuchtig. Auf dem benachbarten Hügel stehen zwei überlebensgroße Bronzepilger, deren Arme nach Santiago weisen. Sie sprechen mich viel mehr an.

Sie stehen da fest, standhaft und aufrecht, und ihr Blick geht zur Stadt Santiago de Compostela, die man von da oben aus schon sehen kann.

Bronzepilger auf dem Berg der Freude

Die letzte Herberge vor Santiago auf dem Berg der Freude dürfen alle Pilger, die bis hierher gelaufen sind, kostenlos nutzen. Bei unserer Ankunft treffen wir Victor wieder und auf unserem Gruppenfoto vor dem Papstmonument steht Victor mit lachendem Gesicht mitten unter uns. Wie der junge Mann wirklich heißt weiß ich nicht. Ich habe ihm den Namen Victor gegeben, denn er ist ein wirklicher ein richtiger Sieger.

Auf dem Pilgerweg trifft man viele andere Mitpilger mehrmals in den fortlaufenden Herbergen wieder. Auch Victor hatten wir schon zwei- oder dreimal getroffen. Mit seiner aufgeschlossenen Kontaktfreudigkeit ist er mir aufgefallen, weil er meist Englisch mit anderen Pilgern sprach und immer strahlte und fröhlich war.
Aufgefallen ist er mir aber auch durch seine starke Gehbehinderung. Er lief den typisch ataktischen Gang eines Spastikers, und hätte ich ihn irgendwo in Deutschland gesehen, hätte ich es nicht für möglich gehalten, dass dieser junge Mann auch nur eine kurze Strecke pilgern kann.
Auf dem Berg der Freude, als wir uns strahlend begrüßen, und erst hier mitbekommen, dass Victor Deutscher ist und genau wie wir mit Rucksack und Wanderschuhen den Weg gelaufen war, ist unser Staunen grenzenlos. Willy spricht es aus und sagt zu Victor: »Toll, dass du mit deiner Behinderung den Jakobsweg gehst!« Victor antwortet bescheiden und fröhlich: »Ich bin seit meiner Geburt so und ich kann laufen wie andere auch!« Das erleben zu dürfen, die wir an manchen Tagen über Blasen oder Fußschmerzen gejammert hatten, lässt uns ganz still werden.
Dieser junge Mann, der in Rostock studiert, wird ganz bestimmt alle seine Ziele erreichen und für viele Menschen ein Segen sein. So musste ich ihn einfach Victor nennen.
Am Abend dieses Pilgertages findet sich unsere Gruppe bei den beiden Bronzepilgern ein. Unser Zusammensein auf der Wiese und unsere Abendandacht bekommen wie von selbst eine neu erlebte Tiefe. Hier oben stehen seit hunderten von Jahren unzählige Pilger und erblicken die Stadt Santiago. Das wundervolle Gefühl und die große Freude es bis hierher geschafft zu haben und auf Santiago herabzublicken, ist unbeschreiblich.
In solchen Augenblicken scheinen Raum und Zeit still zu stehen. Die Freude wird grenzenlos, es ist ein Gefühl, das sich nicht in Worte fassen lässt.

Wir sitzen, und sehen unter uns schon die Türme der Kathedrale von Santiago liegen und alles ist in das goldene Licht der untergehenden Sonne getaucht.
In diesen Momenten erfassten wir alle was es heißt, auf dem Berg der Freude angekommen zu sein. Jetzt, wo ich schreibe, ist die Freude wieder spürbar und auch heute noch fühle ich Dankbarkeit für diesen Abend.

Vom Berg der Freude bis nach Santiago de Compostela

Heute soll es soweit sein, heute werden wir unser Ziel erreichen und in Santiago de Compostela einziehen. Es ist das ersehnte Ziel, das Millionen von Pilger seit über 1000 Jahren anstreben. Es ist uns feierlich zumute, als wir morgens mit dem Rucksack auf dem Rücken vor der Herberge stehen und im Morgengebet Gott für diese Nacht und alles Gute danken.

Der heutige Wegesatz ist eigenartig. Er steht in unserer feierlichen Stimmung wie ein uns unbekannter Vogel da, der uns alle erschrocken anzwitschert:
ICH HABE MIT ERFOLG ZEHNTAUSEND WEGE ENTDECKT, DIE ZU KEINEM ERGEBNIS FÜHREN.
(T.A. Edison)

Welches Ergebnis hat Herr Edison wohl gesucht?
Die fünf Kilometer bis Santiago sind schnell bewältigt. Unterwegs treffen wir nur wenige Menschen. Das Herabsteigen in die große Stadt ist angenehm und wir erreichen die Kathedrale von Santiago gegen sieben Uhr. Wir stehen ganz allein auf dem großen Platz vor der Westfront der gewaltigen Kathedrale. Die Ruhe ist wohltuend und wir nehmen staunend und bewegt die Wirkung dieser großen, schönen und so bedeutenden Kirche in uns auf. Im Stehen und Schauen kommen wir auch innerlich an, es ist ein kostbares Erlebnis.

Wie auch am gestrigen Abend auf dem Berg der Freude wächst eine große Freude langsam in mir empor und erfasst mich. Deo gratias – ich bin angekommen, ich habe es geschafft! Ich habe das mir gestellte Ziel erreicht. Meinem Willy scheint es ähnlich zu gehen. Wir stehen als Ehepaar zusammen und genießen unsere Ankunft in Santiago gemeinsam. Wir halten uns an den Händen und vergessen für Minuten alles andere um uns herum und sind einfach nur glücklich, sehr glücklich. Das Empfinden ist mit Worten nicht ausdrückbar. Diese Minuten der Ankunft auf dem Platz vor der Kathedrale in Santiago werden für uns alle zu einem der ganz kostbaren und unvergessenen Momente unseres Lebens gehören.
Die Kirche ist schon geöffnet und wir betreten sie gegen halb acht. Nur ein paar vereinzelte Menschen sitzen oder knien in den Bänken, ansonsten ist große Stille und Ruhe. Nachdem wir die Rucksäcke abgelegt haben, kann jeder von uns ohne anzustehen in der erleuchteten Krypta knien und dankbar angekommen sein, hier am Grab des heiligen Jakobus.
Gegen neun Uhr öffnet unweit der Kathedrale das Büro, in dem wir unsere Urkunden bekommen werden. Diese Urkunde, die Compostela, bekommt ein Pilger dann, wenn er mindestens 100 Kilometer auf dem Camino zu Fuß gelaufen ist und Santiago de Compostela erreicht hat. Der Nachweis dazu ist das Credencial, ein Ausweis der in jeder Herberge und vielen Kirchen täglich abgestempelt wurde.
Wir haben etwa 220 Kilometer zu Fuß zurückgelegt. Beim Anstehen treffen wir viele Pilger wieder, die wir schon aus verschiedenen Herbergen kennen. Alle Wartenden sind fröhlich, ausgelassen und glücklich.
Als ich an der Reihe bin wird mein Name in ein riesiges Buch eingetragen. Der junge Mann, der meine Compostela ausfüllt, kann weder Deutsch noch Englisch und ich spreche kein Spanisch.
Mit versuchtem Englisch und Latein und mit viel Lachen und Händen und Füßen kapiert er dann endlich, dass ich neben

meinem Familiennamen auch meinen Geburtsnamen auf der Urkunde geschrieben haben möchte.
Das war mir plötzlich sehr wichtig geworden, denn dass ich im Glauben aufwachsen durfte, verdanke ich meiner Herkunftsfamilie und allen meinen Vorfahren, mit denen ich auf dem Jakobsweg oft Zwiesprache gehalten hatte.

Kathedrale in Santiago de Compostela

Unsere gesamte Gruppe ist stolz, als wir mit unserer Compostela-Urkunde das Büro verlassen. Jetzt sind wir richtige Jakobspilger. Wir sind eingereiht in die Schar derer, die Santiago de Compostela unter Mühen und Anstrengungen überglücklich zu Fuß erreicht haben.

Unsere Herberge haben wir dank Johannes schnell gefunden. Sie befindet sich etwa 20 Minuten Gehstrecke bergan außerhalb des Zentrums. Es ist ein großes ehemaliges Priesterseminar, jetzt eine höhere Schule. In den Sommerferien werden die oberen Etagen den Pilgern zur Verfügung gestellt. Die Herberge ist noch geschlossen und so packen wir auf der Treppe davor unsere Esswaren aus, um gemeinsam Mahl zu halten. Dabei genießen wir eine wundervolle Aussicht über die Stadt Santiago. Die vielen Kirchen neben der Kathedrale und all die imposanten großen und schönen Bauwerke sind in goldenes Licht der Vormittagssonne getaucht. Die Aussicht ist wundervoll und unsere Dankbarkeit für das Erleben groß.
In der Laudes beten wir an diesem Tage:

> Gott dein Weg ist heilig,
> wo ist ein Gott so groß wie unser Gott?
> Mein Herz ist voll Freude über den Herrn,
> große Kraft gibt mir der Herr.
> Ich will Gott preisen Tag für Tag,
> sein Lob sei stets in meinem Munde.

Das alles ist so passend an diesem Morgen.
Das Refugium entpuppt sich als großer heller Raum mit einzeln stehenden Betten, die nicht so eng zusammenstehen wie in den meisten Herbergen. Es ist sehr wohltuend sich einmal nicht in die engen Stockbetten quetschen zu müssen. Schaut man aus dem Fenster liegt ganz Santiago zu Füßen und man kann ungestört diese herrliche Aussicht genießen.
Am zeitigen Mittag machen wir uns wieder auf, um an der Pilgermesse teilzunehmen. Diese ist täglich um 13 Uhr in der großen Kathedrale. Im Zentrum der Stadt wimmelt es jetzt vor Menschen. Auf den Plätzen der Kathedrale und in den vielen Gassen haben Händler ihre Stände aufgebaut, ein buntes Treiben. Als wir die Kathedrale betreten erklingt die große Orgel und in der Kathedrale stehen dichtgedrängt viele Menschen. Der Gottesdienst beginnt und eine große Zahl von Priestern ziehen ein.

Wir sind stolz und sehr ergriffen, als wir unseren Pilgerbruder Johannes als einen der drei Hauptzelebranten am Altar erleben dürfen. Der Gottesdienst wird mehrsprachig gefeiert und Johannes grüßt alle deutschsprachigen Pilger in deutscher Sprache. Der Gottesdienst ergreift uns alle sehr. Er ist der Höhepunkt des Tages und für uns Diasporachristen ein besonderes Erleben, Weltkirche einmal so hautnah erleben zu dürfen. Beim Friedensgruß fallen sich spontan viele Menschen in die Arme und der Friede wird in unzähligen verschiedenen Sprachen gewünscht. Dabei stört es keinen, dass manche in strapazierter Pilgerbekleidung und schweren Wanderschuhen neben sonntäglich gekleideten Menschen stehen, die vielleicht aus Santiago sind oder vornehm im Bus oder Flugzeug angereist kamen. Christus vereint alle und das gemeinsame Erleben des Gottesdienstes schenkt Segen und Kraft.
Es ist sehr schwer, dieses Erleben in Worte zu fassen und ich wünsche den Lesern meiner Aufzeichnungen, dass sie selbst viele segensreiche Erfahrungen auf dem Jakobsweg machen dürfen.

Seit dem 9. Jahrhundert besteht die Überlieferung, dass der Apostel Jakobus der Ältere im äußersten Nordwesten Spaniens begraben liegt. Unter dem Einfluss der Reconquista, der cluniazensischen Klosterreform, der nordspanischen Stadtentwicklung sowie neuer Tendenzen in der christlichen Lehre von Heil und Erlösung entwickelte sich eine der größten Pilgerfahrten des Abendlandes.
Neben einem breiten Interesse an Geschichte, Kunst und Kultur des Mittelalters liegen die Motivationen für die Pilgerreisen heute wieder auf geistig-spirituellem Gebiet: Der Dreiklang des Aufbrechens von zu Hause, des Unterwegsseins in der Fremde und des Ankommens am Heiligtum wird zunehmend als Sinnbild des eigenen Lebens und Aufforderung zu persönlicher Umkehr verstanden. Darüber hinaus sind die Wege nach Santiago de Compostela zu einem Symbol für die geistigen Wurzeln eines geeinten Europas geworden.
Die Monographie trägt dem ganzheitlichen Charakter der »Compostelafahrt« Rechnung, indem sie geschichtliche und kunsthistorische Aspekte mit der Darstellung einer »Spiritualität des Pilgerns« verbindet und in den theologie-geschichtlichen Zusammenhang der Scholastik einbettet. Die Auswirkungen des Jakobuskultes auf Deutschland werden anhand von unbekannten Zeugnissen aus Sachsen, Sachsen-Anhalt und Thüringen beschrieben. Der Text schöpft dabei aus den Projekterfahrungen zur Anlegung eines »Ökumenischen Pilgerweges« in diesen drei Bundesländern.
Der reformatorischen Wallfahrtskritik des 16. Jahrhunderts und der neuen Pilgerbewegung in den evangelischen Kirchen wird daher im Hinblick auf die Perspektive eines ökumenischen Dialogs besondere Beachtung geschenkt.

Januar 2005
ISBN 3-938442-01-8
14,90 €

www.ploettner-verlag.de